Christian Meier
Vergangenheit ohne Ende?

Bibliothek Arendt
Texte zur Ideengeschichte
Herausgegeben von Mathias Bormuth

Christian Meier

Vergangenheit ohne Ende?

Texte und Gespräche zur Alten Geschichte und zur Gegenwart

Herausgegeben von
Michael Knoche

Wallstein Verlag

Bibliografische Information der Deutschen Nationalbibliothek
Die Deutsche Nationalbibliothek verzeichnet diese Publikation in der Deutschen Nationalbibliografie; detaillierte bibliografische Daten sind im Internet über http://dnb.d-nb.de abrufbar.

www.wallstein-verlag.de
Vom Verlag gesetzt aus der Questa
Umschlagfoto: Maximilian Gödecke, Berlin
Druck und Verarbeitung: bookSolutions Vertriebs GmbH, Göttingen
978-3-8353-5780-8

Inhalt

Vorwort

Auf dem Coverfoto von Maximilian Gödecke sieht man Christian Meier am Schreibtisch sitzen. Sein Gesicht wird von der einzigen Lichtquelle im Raum, der Schreibtischlampe, erhellt; mit Brille auf der Nase und Stift in der rechten Hand studiert er Papiere. Der Tisch ist übersät mit Blättern und Zetteln. In Kontrast zum erleuchteten Gesicht des Lesers in der unteren Hälfte des Fotos verliert sich das Regal in seinem Rücken mit den dichtgestellten oder gestapelten Büchern nach oben hin im Dunkel. Man erkennt gerade noch, wie manche Bände in diesem Bücherwald aufrecht nebeneinanderstehen, andere auf den Schnittkanten der Aufgereihten liegen und wieder andere zusammen mit Papieren zu Stößen formiert und irgendwo eingeschoben sind.

Das Foto zeigt einen neuen Hieronymus im Gehäus. Der Löwe liegt vermutlich unsichtbar zu seinen Füßen. Aber nicht irgendwelche modernen technischen Geräte weisen den Gelehrten als Zeitgenossen aus, sondern die unglaubliche Fülle ihn umgebender Informationsquellen. Dieser Hieronymus übersetzt nicht das eine heilige Buch, sondern scheint in seinem oberbayerischen Skriptorium die Komplexität der Welt sortieren und beschreiben zu wollen.

Tatsächlich ist der 1929 geborene Christian Meier einer der großen deutschen *Public Intellectuals*. In den 1980er Jahren gehörte er zu den Protagonisten des Historikerstreits und wandte sich dagegen, daß die millionenfachen Morde der Deutschen in einer Reihe mit denen der stalinistischen Sowjetunion gesehen werden. Er kritisierte Ernst Nolte und Michael Stürmer, die mit der sogenannten »Schuldbesessenheit« der Deutschen Schluß machen wollten. Genausowenig war er einverstanden mit Habermas, dem er vorhielt, eine historische Tendenzwende zu konstruieren und nur noch einen Verfassungspatriotismus für erlaubt zu halten.

In der Zeit der Wiedervereinigung meldete er sich zu Wort, um auf die Hemmnisse und Fallstricke des Prozesses, der gerade im Gange war, aufmerksam zu machen. Er kannte sich aus, denn er war in Rostock zur Schule gegangen und hatte an der dortigen Universität sein Studium aufgenommen, bevor ihn die Staatsmacht zu verhaften versuchte. Da konnte er ins andere Deutschland fliehen. Wichtiger noch waren womöglich seine Aufenthalte in der DDR während der 1980er Jahre und sein wissenschaftlich geschultes Gespür für Mentalitätsgeschichte. Bis heute schreibt er Essays in der *Frankfurter Allgemeinen Zeitung* oder anderen Zeitungen und Zeitschriften, wenn ihm eine Sache auf den Nägeln brennt.

So auch am 22. September 2022, als er sich darüber wunderte, daß niemand an die Schlacht von Salamis dachte, die 2500 Jahre zurücklag, aber für die Entstehung von Demokratie in Europa von entscheidender Bedeutung gewesen war. Wo immer sonst Hochkulturen entstanden waren, in Kleinasien, Mesopotamien, Ägypten, Persien, Indien, China, Mittelamerika, in kleinerem Maßstab auch in Afrika, sei eine nennenswerte Kultur nie ohne stabile Monarchien und fast nie ohne mächtige Priesterschaften entstanden. Der Sieg der Athener über die Flotte der Perser bedeute, daß erstmals ein Volk seine Energie dafür genutzt hat, Freiheit statt Herrschaft auszubilden, und infolgedessen Kunst, Wissenschaft und Philosophie grundlegend neue Möglichkeiten eröffnet wurden.

Christian Meier als Althistoriker zu bezeichnen greift zu kurz. Denn einerseits legt er Wert auf den Wortbestandteil Historiker, er bezeichnet sich als Historiker mit dem Spezialfach Alte Geschichte. Andererseits nutzt er die Ergebnisse vieler anderer Wissenschaften wie Literaturwissenschaft,

Soziologie, Staatsrecht, Archäologie, um historische Phänomene zu beschreiben. Die Formen der Politik, die eine Gesellschaft entwickelt hat, und der besondere Charakter ihres Staates werden bei ihm stets bedacht. Das Überschreiten der Grenzen seines eigenen Fachs haben ihm die Fachgenossen zumindest früher – heute mag das schon anders sein – übelgenommen, das große Publikum aber gedankt. Die Auflagen seiner Bücher über Caesar (1982) und Athen (1993), die in die Zehntausende gingen, erreichten breite Leserschichten. Helmut Kohl ließ es sich nicht nehmen, das Caesar-Buch in der Zeitschrift *Das Parlament* zu rezensieren, was dem Blatt, in dem hauptsächlich Reden dokumentiert, aber nicht gelesen werden, als auch dem Autor eine ungewöhnliche Aufmerksamkeit bescherte.

Christian Meier war immer schon ein gesuchter Gesprächspartner. Politiker, Wissenschaftler und Journalisten sind zu seinem Wohnsitz in Hohenschäftlarn gepilgert. Es ist ein Privileg, sich mit ihm unterhalten zu dürfen. Ich bin ihm aufrichtig dankbar dafür, daß er sich auch für meine Fragen Zeit genommen hat. Sie gehen immer von Texten aus, die mich besonders beschäftigt haben. Auch Matthias Bormuth habe ich zu danken, daß er mich ermuntert hat, das Buch in Angriff zu nehmen, und bereit war, es in die neue Reihe »Bibliothek Arendt« aufzunehmen.

Historiker sind zwar für die Geschichte zuständig, nicht aber ebenso speziell und professionell für deren Gegenwärtigkeit, sagt Christian Meier. Befragen möchte man ihn aber gerade wegen seiner Doppelrolle als Historiker und Zeitgenosse, deren methodische Grenzen ihm jeweils bewußt sind. Auf dem Foto von Maximilian Gödecke sieht man ihn bei der Arbeit.

Michael Knoche

Wer wären wir ohne die Griechen?

2500 Jahre Schlacht von Salamis

Ende September 2021 hätte Europa ihn feiern können: den 2500. Jahrestag jener Schlacht, in der die Athener samt wenigen Verbündeten die Flotte des persischen Weltreichs besiegten. Nachdem im Jahre darauf auch das Landheer geschlagen war, war die Freiheit der Griechen gesichert.

Zehn Jahre zuvor hatte die attische Armee ein kleineres persisches Aufgebot bei Marathon besiegt. Wenn John Stuart Mill von dieser Schlacht meinte, sie sei für die englische Geschichte wichtiger als die bei Hastings, müßte das für die bei Salamis umso mehr gelten. Vielleicht auch für die Geschichte Europas? Es wäre eine interessante Frage, warum von diesem Jubiläum kaum Notiz genommen wurde.

Es war etwas ziemlich Absonderliches, was sich in der ersten Hälfte des letzten vorchristlichen Jahrtausends an der Ägäis heranzubilden begonnen hatte: die Anfänge einer großen Kultur, welche sich grundlegend von all den Hochkulturen unterschied, von denen wir sonst wissen; von Ägypten und Kleinasien über das Zweistromland, Persien, Indien und China bis Mittelamerika. Übrigens in kleinerem Maßstab auch in Afrika. Überall dort waren es mächtige Monarchien mit großen Beamtenapparaten, zumeist auch einflußreichen Priesterschaften, die das Ganze formten und durchdrangen. Alternativlos.

Die – zum guten Teil um die Wende vom zweiten zum ersten Jahrtausend vor Christus neu eingewanderten – Griechen dagegen organisierten sich nach der Vernichtung der mykenischen Reiche neu in lauter kleinen selbständigen Poleis, und sie wollten dabei bleiben. Zumeist waren sie

Landeigentümer, ihre Siedlungen hatten in der Regel Zugang zur See. So trieben manche von ihnen auch Seeraub und Handel; viele unterhielten ganze Netze von Gastfreundschaften. Sie lebten außer in ihren Poleis in größeren griechischen Zusammenhängen. Wohl strebten manche nach Herrschaft in ihrer Stadt, doch dauerte die Tyrannis, die sie gründen mochten, kaum je bis in die dritte Generation. Die Kriege, welche sie führten, galten in der Regel mehr dem Prestige, als daß sie Eroberungen zum Ziel gehabt hätten, geschweige denn, daß es zu Ausscheidungskämpfen zwischen den jeweils Mächtigsten gekommen wäre.

Als die Verhältnisse sich differenzierten, als vor allem zahlreiche Bürger verarmten (was vielfach mit dem Erbrecht zusammenhing), nutzte man das kaum, um in der Nachbarschaft Eroberungen zu machen. Vielmehr gründete man in der Ferne, zum Beispiel in Sizilien, zahlreiche neue Poleis. Offensichtlich wollte man – bei allen guten Verbindungen nach außen – politisch unter sich bleiben, in kleinen Verhältnissen relativ groß. Man wollte möglichst Herr seiner selbst sein, häufig freilich auch reicher und mächtiger als die anderen, mit denen es vielfach zu Kämpfen kam, Verbannungen, ja Bürgerkriege eingeschlossen.

Schließlich gelang im sechsten Jahrhundert das Unwahrscheinliche: Als größere Unruhen zwischen Reich und Arm zunahmen, ließ sich verschiedentlich durch Reformen Abhilfe schaffen. Kluge Männer konnten dazu von einzelnen Städten mit kaum beschränkten Vollmachten ausgestattet werden. Man studierte die Zusammenhänge. Man entwickelte Methoden, um mit den Problemen fertig zu werden. Delphi wurde zu einem Umschlagplatz des Wissens, ein intensives politisches Denken erwuchs.

Wichtig war, daß man die Bürger für die Stadt mobilisierte, vor allem die Angehörigen der Mittelschicht, die wenig Interesse an den Machtkämpfen der Adligen, dafür um so mehr am Wohlergehen ihrer Stadt hatten. Der Sinn für Verantwortung mußte geweckt, neue Erwartungen und Erwartungserwartungen mußten mobilisiert werden. Eine neue Mentalität mußte sich einfurchen. Aus Einwohnern mußten Bürger werden.

Es fragt sich, welche tieferen Gründe hinter dieser Geschichte standen, einer Geschichte, die zunächst vermutlich gar nicht so anders lief als an manchen anderen Stellen der Welt, an denen es auf die Dauer zur Gründung von monarchisch regierten Reichen oder zur Einordnung in solche Reiche kam. Gewiß begünstigte die Geographie die Abschließung kleiner Gemeinwesen nach außen. Sie hätte aber, wie die Geschichte Mykenes zeigt, auch größere Herrschaften zugelassen. Wichtig war jedenfalls, daß keine Großmacht von außen in den Ägäisraum hineinwirkte. In Kleinasien war alles nach Osten orientiert. Andererseits, und das mag entscheidend gewesen sein, konnten viele Griechen an den Ostküsten des Mittelmeers, zumal bei den Phöniziern, zahlreiche Erkenntnisse, Künste und Techniken lernen; und das kam keineswegs nur den Herrschenden, sondern vielen von denen zugute, die sich im Mittelmeerraum zu bewegen wußten. Eine ungewöhnliche Konstellation.

Da sich über lange Zeit keine der auswärtigen Mächte für den Ägäisraum sonderlich interessierte, hatten die Griechen Zeit, um ihre Poleis zu stabilisieren, in der breiteren Bürgerschaft zu verankern und wohl auch ein gewisses Selbstbewußtsein zu entfalten. Zusätzlich bildeten sich Wissenschaft, Philosophie und Kunst. Interessanterweise spiegelten sich in den Erkenntnissen, aber auch in den Kunstwerken tiefere Interessen, etwa dasjenige am rechten Maß zwischen den Dingen oder das an einer Welt, welche sich im Gleichgewicht hielt, ohne daß eine einzelne Macht darüber verfügt hätte.

Als die Griechenstädte an der Ostseite der Ägäis, welche seit der Mitte des sechsten Jahrhunderts unter persischer Herrschaft standen, im Jahre 500 diese Herrschaft abzuschütteln suchten und als Athen sich an ihrem Aufstand beteiligte, wurde die allmähliche Fortbildung der Poliswelt gestört. Die Perser siegten und brachen auf, um Athen zu bestrafen und bald auch die Griechen auf der Balkanhalbinsel zu unterwerfen.

Hätten die Perser gesiegt, hätten sie aller Wahrscheinlichkeit nach die unter den Griechen herangewachsene Kultur nicht unterdrückt. Das Riesenreich, welches sie beherrschten, von der Ägäis bis an den Indus, von Ägypten bis ans Kaspische Meer, umfaßte die verschiedensten Völker. Ohne einige Toleranz hätte man es kaum regieren können. Nur wenn sich einer der persischen Herrschaft nicht fügte (oder wie die Athener einen Aufstand gegen sie unterstützte), gab es kein Pardon. So hätte man Athen vermutlich zerstört und die Athener, sofern man sie hätte überleben lassen, ans Ende der Welt umgesiedelt.

Was immer aber die Griechen in Zukunft hätten entwickeln können, im Falle eines persischen Sieges wären sie nicht in die Lage gekommen, große Politik zu treiben. Der Bund vieler Poleis zur Verteidigung gegen das Weltreich im Osten, aus dem dann eine Herrschaft Athens über die Ägäis erwuchs, wäre nicht geschlossen worden. Die – zudem rasch sich radikalisierende – Demokratie mit all ihrem großen Neuerungspotential hätte sich nicht bilden können. All das Erstaunen, die Fragen, die Nöte, welche sich damit einstellten und – etwa – in Athens Tragödien durchgespielt wurden. Aber auch die starken Anstöße zu Wissenschaft und Philosophie, das Aufblühen der Sophistik mit all den Problemen, die man so genoß, wie sie beunruhigten, und den vielfältigen Anspornen zur Verbreitung und Vertiefung eines ungeheuren Wissens über die eigene Welt hinaus. Weil nichts mehr ausreichte angesichts des so plötzlichen, so umfassenden und so tiefgreifenden Erlebens von unendlich viel Neuem. Bildhauerkunst, Architektur, Musik blühten wie kaum je wieder. Die Historiographie wurde erfunden und erlangte gleich in ihren frühen Schriften Weltrang.

Und es wäre wohl auch Sokrates nicht dazu gekommen, zu untersuchen, wie Menschen eigentlich leben sollten, die ganze Welt in Frage zu ziehen und zu erkennen, daß er nichts wisse. Womit dann der Anstoß zu einer neuen und weit in die Gesellschaft sich verbreitenden Philosophie gegeben war. Man entwickelte ein ungeheures Könnensbewußtsein, was in dieser Breite wohl nirgends sonst bis zum Zeitalter der europäischen Aufklärung möglich gewesen ist. Es animierte zu vielerlei, wozu es sonst wohl nicht gekommen wäre. All dies schloß sich mit der Erinnerung an die Siege der Griechen zu großem Ruhm und großer Anziehungskraft zusammen.

Hinzu kam, daß im vierten Jahrhundert der Makedonenkönig Alexander das ganze Perserreich eroberte und die hellenistische Kultur weithin an Raum gewann – bis die Römer sich ihr öffneten und ihr ganzes Reich sich damit durchdrang. Die christliche Mission war aufgeschlossen genug, und sie hatte genug damit zu tun, in ihrer hellenistisch-römisch geprägten Gesellschaft Fuß zu fassen, so daß die Kirchenväter es mit dem aufzunehmen hatten, was sich – letztlich im Gefolge des Siegs der Griechen bei Salamis – hatte entfalten können.

Diese Welt ist, wie man weiß, in der Spätantike weitgehend zerstört worden. Doch war sie kräftig und interessant genug, um vielerlei Spuren zu hinterlassen, in Texten, in Kunstwerken, im Oströmischen Reich, auch bei den Arabern, die griechische Philosophie vielfach übersetzten, was dann in Toledo ins Lateinische weiter übertragen wurde. In mehreren Renaissancen wurde all das, was überkommen war und zum Teil neu entdeckt wurde, aufgenommen und belebt. Es hat sehr viel dazu beigetragen, daß das mittelalterliche und neuzeitliche Europa so stark, so findig, so unternehmungsfreudig und anspruchsvoll wurde und schließlich weite Teile der Welt in Besitz nahm.

Freilich hatte und hat all das seine Schattenseiten. Die Frauen hatten in der griechischen Politik nichts zu sagen, allenfalls konnten Schauspieler in weiblichen Gewändern in griechischen Komödien ihre Männer verspotten. Sie waren vielfach auch auf der Agora, dem Platz in der Mitte der Stadt, unerwünscht, und schon gar nicht durften sie dem von den Männern zumeist nackt betriebenen Sport beiwohnen. Und man hatte nicht nur, wie so viele andere Gesellschaften, zahlreiche Sklaven, sondern ein Mann wie Aristoteles hat das sogar philosophisch zu begründen versucht. Schließlich ließen die Griechen verschiedentlich ganze Bürgerschaften über die Klinge springen, während Frauen und Kinder in die Sklaverei verkauft wurden. Heutigen Ansprüchen könnte diese griechische Kultur gewiß nicht genügen. Aber wären diese Ansprüche überhaupt entstanden, wenn es die von den Griechen so stark inspirierte Kultur nicht gegeben hätte und wenn sie nicht eine so lange Geschichte hinter sich hätte?

Fängt Europa bei den Griechen an?

1. Gespräch

Verstehe ich Sie richtig, dann ist Ihre These, daß die europäische Geschichte zwar nicht mit den Griechen begonnen hat – nach gängiger Überzeugung sind die Anfänge eher im Mittelalter zu suchen –, daß aber Europa von den Griechen in einem entscheidenden Maße geprägt worden ist. Europa scheint für Sie nicht nur eine Gruppe von Völkern zu sein, sondern durch eine gemeinsame »Kultur« zusammengehalten zu sein.

Das ist richtig. Ich finde, daß es uns gut ansteht, uns darauf zu besinnen, woher wir kommen: Wie es möglich wurde, daß einmal, ein einziges Mal sich eine Hochkultur darauf verlegen konnte, nicht Herrschaft, sondern Freiheit zu entwickeln und daraufhin Kunst, Wissenschaft und Philosophie auf grundlegend neue Art aufzubauen. Wo immer sonst Hochkulturen entstanden, in Ägypten, Mesopotamien, Kreta, Indien, China, Mittelamerika etwa, geschah dies, soweit ich das überblicke, stets von monarchischen Instanzen aus. Die Griechen haben für ihren Sieg dem Zeus Eleutherios gedankt, dem Gott der Freiheit.

Hätte die Europäische Union Anlaß gehabt, den 2500. Jahrestag der Schlacht bei Salamis gebührend zu feiern?

Nach meiner Überzeugung sollte man in der frühen Weltgeschichte nicht nur die breite Schwelle der neolithischen, sondern auch die schmalere, aber höchst folgenreiche der politischen Revolution markieren. Es folgt ja auf die Blütezeit der Griechen die umfassende Rezeption vieler ihrer Errungenschaften durch Rom. Rom unterwarf sich insofern dem unterworfenen Griechenland. Es wurde dort üblich, die eigenen Kinder von griechischen Lehrern erziehen zu lassen. Man lernte die griechische Sprache – ein ganz erstaunliches Phänomen. Auch Bibliotheken mit griechischen Schriften wurden angelegt. So hat die griechische Tradition fortgelebt, sich breithin »eingelagert« und ist über die Römer und später das Christentum in »Europa« angekommen.

In Ihrem Beitrag über die Schlacht bei Salamis kommt es Ihnen vor allem darauf an, zu zeigen, welche weitreichende Folgen der Sieg der Athener hatte. Können Sie noch etwas mehr zu den historischen Umständen sagen, unter denen der Erfolg zustande kam?

Die Athener schafften es erstaunlicherweise aufgrund hervorragender Planung des Themistokles, in kürzester Zeit eine Flotte von ungefähr zweihundert Schiffen aufzubauen. Handwerker wurden von außen angeworben. Werften waren anzulegen, Holz und anderes beizuschaffen. Es war ein gewaltiges Rüstungsprogramm. Da man nicht genug Geld hatte, konnte man auch nicht wie üblich Sklaven zum Rudern kaufen, vielmehr mußten die Bürger selbst an die Riemen, auch die vornehmen. Seekriegstaktik mußte eingeübt werden. Dann gelang es Themistokles durch eine List, den Perserkönig samt seiner großen Flotte in die Enge bei Salamis hineinzulocken.

Was wäre passiert, wenn die Perser gesiegt hätten?

Dann hätten sie aller Wahrscheinlichkeit nach die Athener nach Osten abtransportiert. Nie wäre es zum attischen Seebund gekommen, nie zu der konsequent aufgebauten radikalen Demokratie und aller Wahrscheinlichkeit nach nicht zu der Blüte des attischen Theaters, der Sophistik, zu Sokrates', Platons und Aristoteles' Philosophie, zur Stoa. Denn dies alles setzt nach meinem Urteil die enormen Herausforderungen voraus, welchen gerade Athen in der Folge des Sieges über die Perser ausgesetzt war. Wohl hatte die vorsokratische Philosophie in Ephesos und Milet auch unter persischer Herrschaft geblüht. Die Perser mußten in ihrem Riesenreich einige Toleranz walten lassen. Sie hätten wohl auch gewisse Vorformen der Demokratie hier und dort geduldet. Aber eben an den genannten Herausforderungen hätte es gefehlt – ohne Salamis.

Wie muß man sich die allmähliche Einführung der Demokratie bei den Griechen vorstellen?

Voraussetzung war, daß um 1000 v. Chr. nach Zerstörung der mykenischen Reiche und vielerlei Einwanderung vom Balkan her eine Menge kleiner selbständiger Gemeinwesen sich bildeten, deren Mitglieder den Boden unter sich aufteilten. Nichts Besonderes. Eigentümlich aber war, daß es dabei blieb. Als eine Menge Landloser heranwuchs, machte man – fast – keine Eroberungen in der Nachbarschaft, geschweige denn daß sich daran Ausscheidungskämpfe der Mächtigsten angeschlossen hätten. Vielmehr gründete man Kolonien, in Nordafrika, Sizilien, bis hin zur Krim. Wohl usurpierten hier und da Tyrannen die Macht, aber im Mutterland war keines dieser Regime von längerer Dauer. Auch mächtige Priesterschaften bildeten sich nicht, kaum eine Herrschaft griff über die Grenzen der Stadt hinaus. Als sich hier und da größere Konflikte und Nöte auftaten, entwickelte sich ein interessantes politisches Denken, angeregt vermutlich auch durch die Kulturen im Osten, die intellektuell vieles boten, aber weit genug entfernt waren, um selbst einzugreifen. Reformen wurden möglich. Und man versuchte, gegen die streitenden Adelsfaktionen »die Mittleren« zu mobilisieren, die an Machtkämpfen nicht interessiert waren, denen aber am inneren Frieden lag.

Welche Mechanismen zur Konfliktbewältigung gab es?

Verschiedentlich berief man einen weisen Mann, verlieh ihm große Vollmachten und ließ ihn die Polis neu ordnen. Interessant ist das Stasis-Gesetz des Atheners Solon im 6. Jahrhundert. Stasis heißt sowohl Stehen wie einen Aufstand machen. Vermutlich weil Aufständische sich in der Volksversammlung nicht, wie üblich, setzten, um mit den anderen zu beraten, sondern stehen blieben und drohend Forderungen proklamierten. Im Fall einer Stasis nun verpflichtete Solon alle Bürger, auf einer der beiden Seiten Stellung zu nehmen. Andernfalls sollten sie ihre politischen Rechte verlieren. Er wollte, wie es heißt, nicht, daß sie sich dem autómaton hingäben, die Dinge also laufen ließen. Zumindest in Situationen der Zuspitzung sollten sie mitwirken (und vermutlich den Streitenden in den Arm fallen). Mit der Zeit hat man gelernt, politisch zu denken und zu handeln, schließlich sich der eigenen Autonomie, der eigenen Freiheit, bewußt zu werden.

Kann man Solon und Konfuzius, die im selben Jahrhundert in anderen Kulturen lebten, vergleichen?

Vom geistigen Rang durchaus. Konfuzius konnte sich aber nur an den Kaiser wenden, Solon an die Volksversammlung. Das war ein fundamentaler Unterschied.

Aber von Demokratie kann man unter Solon noch nicht sprechen?

Undenkbar. Viel zu viel lag noch in der Hand des Adels. Außerdem: Zum Herrschen gehören Verstand und Weltkenntnis, Reisen. Diese Befähigungen erwarb das Gros der Athener erst nach der Schlacht bei Salamis, als die attische Flotte immerzu in der Ägäis gekreuzt ist. Dann gab es auch vieles zu entscheiden: das Schicksal einer Stadt zum Beispiel oder die Frage der möglichen Evakuierung der Griechen von der Ostküste der Ägäis, was etwa die Spartaner befürworteten.

Es ist doch erstaunlich, daß man den vielen einfachen Bürgern die politische Reife zutraute, die Polis mitzuregieren – unter Ausschluß der Unfreien und Frauen.

Der attische Demos mag gelegentlich dumme Beschlüsse gefaßt haben, auch mal außer Rand und Band geraten sein. Aber aufs Ganze gesehen muß er die nicht leichten Aufgaben der Stadt, zumal in höchst kritischen Zeiten des Peloponnesischen Krieges, gut bewältigt haben. Die attische Demokratie war kein Chaotenstaat, sondern ein gut funktionierendes Gemeinwesen.

War die attische Demokratie historisch wirklich einmalig? Gab es nicht auch bei anderen Völkern in der Antike Formen gleichberechtigter Beteiligung? Auch in Indien, Mesopotamien und anderswo sollen Volksversammlungen nachweisbar sein.

Neulich hat sogar jemand bei den Piraten eine Volksversammlung und darin Anzeichen für eine Demokratie gesehen. Doch solche Vergleiche führen zu einer totalen Relativierung dessen, was die Griechen gemacht und uns vererbt haben. In Athen wurde die ganze Herrschaftsordnung umgestülpt. Es ging nicht um irgendein Dorf, in dem sich der Schulze mit seinen Großbauern beriet, um Jubelszenen für Despoten oder die Mobilisierung von Kräften. Das gab es natürlich vielfach. Die Volksversammlung hatte vielmehr Entscheidungen über Leben und Tod und große strategische Fragen zu fällen. Sie entwickelte auch neue Verfahren wie den Ostrakismos, das Scherbengericht, um die Demokratie zu sichern. Die Athener haben auf diese Weise ihre Freiheit gewonnen. Das ist auch nicht unsere nachträgliche Interpretation, sondern das haben die Athener selber so empfunden.

Der Weg von der freiheitlichen Kultur Athens zu uns heute war dennoch sehr weit.

Aber er bahnte sich an. Es spricht zum Beispiel vieles dafür, daß nie eine Gesellschaft ein so starkes Interesse an Philosophie gehabt hat wie die griechische. Die Allgegenwart der philosophischen Fragen hat das Christentum, d.h. die Kirchenväter, gezwungen, sich damit auseinanderzusetzen. Deshalb haben Augustinus u.a. die Argumente der Philosophen aufgenommen, um sie zu widerlegen oder anders zu interpretieren, damit das Christentum bei den

Gebildeten Aufnahme fand. Durch diese Auseinandersetzung haben sie etwa die Philosophie in die christliche Theologie eingebracht, so daß sie im 13. und 14. Jahrhundert wieder herauspräpariert werden und zur Renaissance führen konnte.

Wie und wodurch unterscheidet sich Ihre Art, Geschichte zu betrachten, von der Ihrer Fachgenossen?

Ich weiß nicht, ob man eine so klare Trennung vornehmen darf: Ich hier – die da. Es gab durchaus den einen oder anderen, mit dem ich mich gut verstand. Wenige, Einzelne. Andererseits bin ich einen sehr eigenen Weg gegangen. Was immer davon sich während der Heidelberger Anfänge (etwa 1950 bis 1954) angebahnt hatte, in deren Folge ich mich dann nach dem Scheitern des ersten Ansatzes erst mal auf eine eher konventionelle Interpretation von sieben Jahren Ereignisgeschichte eingelassen hatte (*Untersuchungen zur römischen Innenpolitik zwischen 63 und 56 v. Chr.*). Spätestens seit etwa 1956, als ich mich von neuem mit dem Problem des Untergangs der Republik herumzuschlagen begann, stellte sich mir eine Frage nach der anderen, die sich meinen Kollegen nicht oder nur ganz unzulänglich gestellt hatte. Wenn man es schematisch formulieren soll: Wo meine Kollegen mehr oder weniger ein Bild von der römischen Republik gezeichnet hatten, das römische Eigenarten mit allem möglichen kombinierte, was man gleichsam für »normal« hielt, da schien mir in Rom mehr oder weniger alles, und das heißt: das Ganze, anders, spezifisch römisch gewesen zu sein. Zugespitzt gesagt, ich fragte nach der Besonderheit in mehr oder weniger allem und entwickelte Kategorien dafür.

War das genauso im Hinblick auf die griechische Geschichte?

Ja. Ich hatte für das Lexikon *Geschichtliche Grundbegriffe* über griechische Begriffe zu schreiben und fand, daß man früher eben nicht gefragt hatte, wer herrscht (einer, wenige, alle?), sondern ob die anzunehmende, allmählich in diesem oder jenem bewußt werdende rechte Ordnung (Eunomie) gegeben oder gestört war. Beim Begriff Fortschritt habe ich nicht diesen oder jenen Punkt gesucht, in dem man der früheren Zeit voraus zu sein meinte, sondern zunächst gefunden, daß die Annahme eines Fortschrittsprozesses nur da möglich ist, wo man Geschichte kennt, also die Vorstellung hat, daß im ganzen etwas in Bewegung ist – nicht im Sinne eines Auf und Ab von Dynastien oder Reichen, sondern in dem, daß man insgesamt fortschreitet, also weiterkommt – wovon wir kaum eine Spur haben. So meinte ich, was wir da finden, sei nur ein »Könnensbewußtsein«, denn das gab es. Es mußte aber eigens bestimmt werden. In Spuren, weiter gelangte es nicht. Es verknüpfte sich allenfalls mit dem Gefühl, einen Höhepunkt erreicht zu haben.

Vermutlich ist auch Ihre Beschäftigung mit der griechischen Tragödie nicht gerade auf begeisterte Zustimmung Ihrer Kollegen gestoßen?

Daß die Tragödie in Athen eine hohe politische Kunst sein mußte, war fast allen Kollegen nicht nur fremd, sondern geradezu anstößig. Immerhin ist ja politisch Lied ein garstig Lied. Tragödie dagegen war Schöne Literatur. Kaum begreiflich, wie man annehmen kann, daß eine Bürgerschaft, die aufs stärkste von Politik umgetrieben war, die stets neu schwierige Entscheidungen zu treffen hatte, auf einem großen teuren Fest hätte überhören können, was in vielen Tragödien an politischen Themen durchgespielt wurde. Indem ich mit Reinhart Koselleck eng zusammenarbeitete, mich außerdem als einziger Althistoriker an den Studiengruppen »Poetik und Hermeneutik« und »Theorie der Geschichte« beteiligte, hatte ich meine Griechen und Römer jeweils auch von außen zu sehen gelernt, bei den Griechen speziell die Historiographie oder auch die eigentümliche »Bürger-Identität«.

In Ihren Büchern über Caesar und Athen haben Sie versucht, große Synthesen zu schaffen.

Ich habe versucht, die vielen Einzelerkenntnisse in einer umfassenden Darstellung miteinander zu verknüpfen. Außer meinem Lehrer Hans Schaefer habe ich Alfred Heuß und seine *Römische Geschichte* besonders geschätzt. Er hat ein großes Plädoyer für die historische Synthese gehalten, der zufolge sie nicht als Nebenarbeit für das große Publikum zu betrachten sei, sondern daß das eigentliche Problem in der Zusammenschau stecke. Genauso würde ich das auch sehen. Der *Caesar* war Anfang der 1980er Jahre ein ganz einsames Unternehmen: in einer Zeit – einerseits –, in der außer Golo Mann (*Wallenstein*) kein Mensch daran dachte, daß man Biographien schreiben könnte, und mit der Absicht – andererseits –, in dieser Biographie ein ganzes Stück Strukturgeschichte für Laien zuänglich zu machen. Nachdem ich damit eine gewisse Lust an der Historiographie entwickelt hatte, bin ich gleich zur nächsten Geschichte aufgebrochen: Athen. Wobei sich vergleichende Studien aufdrängten. Ohnehin hatte ich mich viel mit Max Weber, Otto Hintze, Arnold Gehlen, Norbert Elias befaßt, Hannah Arendt ohnehin, übrigens auch mit Marx' *Grundrissen der Kritik der politischen Ökonomie.*

Auf diesen Bahnen sind Ihnen wohl nur wenige Althistoriker gefolgt?

Ich habe mich stets als Historiker gefühlt, mit dem Spezialfach Alte Geschichte. Ich fand, daß die Gegenstände meiner Wissenschaft von allgemeinem Interesse waren. Nur streckenweise habe ich mich mit anderen auf gleichen Wegen gefunden, mit Moses Finley etwa in Cambridge und Alfred Heuß in Göttingen. Ich bin immer nachlässiger geworden in der Verfolgung althistorischer Forschung, meinte, daß da ständig Dinge besprochen wurden, die mich nichts angingen und im Grunde genommen gleichgültig waren. Gewiß, in mancher Hinsicht habe ich auch dem oder jenen Unrecht getan. Vielleicht kann man meinen Ansatz mit Hilfe des mir sehr lieben Märchens von Rotkäppchen fassen. Wo meine Kollegen auf Augen, Ohren etc. des Wesens im Bett fixiert waren, hat sich mir immer die Frage gestellt, mit wem wir es da wirklich zu tun haben. Offen bleibe dabei, wie weit das in einem besonderen Punkt meiner »Laufbahn« stattfindende Erleben der mittleren 1960er Jahre – Stichwort: Verantwortung – mich bestimmt hat.

Sie galten in Ihrem Fach früh als »Intellektueller«. Woran haben Ihre Fachkollegen das eigentlich festgemacht? An Ihrer Art, Fragen zu stellen?

Das wird es wohl gewesen sein. Aber die Weise, sie zu beantworten, kam hinzu. Zum ersten Mal hat mich ein Kollege so bezeichnet, der mich 1967 in Basel besucht und viele regenbogenfarbige Bände der Edition Suhrkamp auf dem Tisch liegen gesehen hat. Mein Aufsatz »Was soll uns heute noch die alte Geschichte?«, eine Frage, die mir meine Freiburger Studenten gestellt hatten, wurde 1970 auch in einem Büchlein der Edition Suhrkamp publiziert. Der Verlag schien den Fachgenossen viel zu weit links zu stehen. So bin ich endgültig aus den normalen Fachzusammenhängen herausgewachsen.

Ist es Aufgabe von Historikern, der Gesellschaft Orientierung zu geben?

Aber ja, und zwar im Großen wie im Kleinen. Es bietet sich hier ja ein Riesenvorrat von Beispielen an, etwa Lagen, in die man geraten kann, oder Weisen, sie zu bestehen oder vor ihnen zu versagen. Interessante Vergleiche bieten sich an, etwa zwischen dem aufflammenden Antisemitismus unserer Tage und den beginnenden 68er Unruhen mit ihren hysterischen Ho-ho-ho-Chi-Minh-Rufen.

Wäre es besser, wenn sich Historiker darauf beschränkten, zu beschreiben, wie Menschen früher ihr Leben eingerichtet haben?

Nein, ganz im Gegenteil sollen sie sich auch mit der Weltgeschichte auseinandersetzen. Warum hat man in Europa einen so besonderen Weg eingeschlagen? Was macht es aus, daß China sich jahrtausendelang so anders herausgebildet hat? Wo liegen Unterschiede zu Indien? Was ändert sich heute, da die »Dritte Welt« sich stark zu Wort meldet?

Geschichtswissenschaft hätte also Kenntnisse bereitzustellen, die für das Selbstverständnis einer Gesellschaft elementar wichtig sind.

So ist es. Die Historiker dürfen sich nur nicht instrumentalisieren lassen.

Welche Rolle spielt die Zukunft in der Geschichtsschreibung?

Prognosen spielen in der Geschichte eine große Rolle. Sie begegnen dem Historiker zunächst in seinen Quellen. Haben Prognosen die Entscheidungen von Akteuren beeinflußt, braucht er sie für die Motivation von deren Handlungen. Er muß sich die Eigenart des Zukunftshorizonts verschiedener Gesellschaften in verschiedenen Phasen ihrer Geschichte klarmachen. Perikles hat eine Voraussage getroffen, wie er den Peloponnesischen Krieg gewinnen kann. Er kalkulierte genau, inwiefern Athen seinen Gegnern überlegen sei. Nur kam dann manches dazwischen. Friedrich der Große hat im Jahre 1768 vorhergesagt, daß hundert Jahre später der Kirchenstaat verschwinden werde, was tatsächlich fast aufs Jahr genau eintrat. Zum anderen trifft der Historiker unausgesprochen eine Annahme über die Zukunft, wenn er z.B. behauptet, eine historische Erscheinung sei »endgültig« gescheitert.

Dürfen Historiker explizite Zukunftsprognosen wagen?

Jacob Burckhardt etwa ist ganz kritisch gegenüber Prognosen. Aber privat hat er in seinem Briefwechsel mit Friedrich von Preen leidenschaftlich prognostiziert, z. B. daß die Welt der Alternative zwischen völliger Demokratie und absolutem rechtlosem Despotismus entgegentreibe. Ich habe in den letzten Semestern meiner Professur mehrere Oberseminare zu Prognosen gemacht, die sehr beliebt waren. Historiker sollten sich auch mit der Zukunft der eigenen Zeit beschäftigen, etwa Prognosen machen, aufschreiben und sich nach 10 bis 20 Jahren wieder vornehmen. So machen sie die Erfahrung, wie leicht man sich irren kann – oder auch nicht. Ich habe mein eigenes Rezept nicht hinreichend bedacht. Sonst hätte ich bei Putins Einmarsch in die Ukraine nicht so überrascht sein können. War wohl schon zu alt.

Wenn Sie Zeithistoriker geworden wären, hätten Sie im Hinblick auf Prognosen ein größeres Betätigungsfeld gehabt.

Würde ich nicht unbedingt sagen. Übrigens: Historiker jedweder Spezialdisziplin sollten immer auch Zeithistoriker sein.

Der Gedanke des Verlusts

Eine Rede in Darmstadt anläßlich der Ausstellung »Verstummte Stimmen. Die Vertreibung der ›Juden‹ aus der Oper 1933 bis 1945«

Was mag es sein, das einen immer wieder in diese Ausstellungen zieht? Das einen die Gesichter, die Schicksale früherer Mitbürger suchen oder aufsuchen läßt; hier von Professoren, dort von Schriftstellern, von Vereinsmitgliedern und an dieser Stelle nun eben: von Sängerinnen, Sängern, Dirigenten und Intendanten?

Ist es die Trauer, ist es die Empörung, die Wut? Ist es das Miterleiden ferner, aber dann auch wieder aktuell uns bedrängender Geschicke? Ist es der geheime Wunsch, für einen Augenblick das Rad der Geschichte zurückzudrehen, wie wenn es sich aufhalten ließe? Warum liest man einen Roman, dessen Ende man kennt, gleichwohl, indem man mitzittert, mitlebt, mithofft, es möge anders kommen, als es, wie man weiß, kam? Indem man sich gegen den Ausgang sträubt, dem zuletzt alles zustrebt? Das mag dahingestellt bleiben. Ich kann nur sagen, daß die Bilder und die kurzen Texte dieser eindrucksvollen, mitnehmenden Ausstellung mich sehr angerührt haben.

Natürlich versucht man sich vorzustellen, was alles an Verletzungen, Mißhandlungen, Demütigungen und Schikanen, an Kummer und Schmerz die Einzelnen damals erfahren haben. Wie es sie traf, wie sie es zunächst oft kaum verstehen konnten. Wie gut begründete Hoffnungen zerstört und die Früchte einer langen Ausbildung zunichte gemacht wurden. Wie es war, als viele von ihnen, zumindest zunächst, aus der Bahn geworfen wurden. Wie sich der eine oder andere, mit dem sie zusammengewirkt hatten, plötzlich von ihnen abwandte? Was alles sie dranzugeben hatten, an Gewohntem, Geliebtem, für sicher Gehaltenem, wenn sie ihre Karriere allenfalls im Ausland fortsetzen konnten?

Jeder wird sich auf seine Weise in diesen Biographien verlieren. Und es wird darin zugleich für jeden weiteres mit anklingen. Ich weiß nicht, wie es Ihnen ergeht. Für mich meldet sich beim Studium einer solchen Ausstellung rasch der Gedanke an den Verlust, den wir – genauer: den unsere Eltern, Groß- und Ur- (oder inzwischen immer mehr: Ur-Ur-) Großeltern damals erlitten – zum Teil freilich auch sich selber zugefügt haben. Die damals so übel traktiert, die zum Schweigen gebracht, die (wenn's glücklich lief) veranlaßt wurden, das Land zu verlassen, hatten doch fast alle zu uns gehört, waren hier aufgewachsen, hatten sich hier gebildet und wollten hier leben. Und gingen uns verloren.

Wenn die Ausstellung »Verstummte Stimmen« heißt, so trifft das, genau genommen, nur insofern zu, als sie für uns, für die Deutschen, verstummten. Denn viele der Sängerinnen und Sänger konnten doch im Ausland weiter ihre Kunst ausüben. Sie waren ja viel zu gut. Wenn sie es hier noch durften und taten, etwa im jüdischen Kulturbund, so war Nichtjuden die Teilnahme an diesen Konzerten verboten. Auch im Titel »Verstummte Stimmen« klingt also der Gedanke des Verlusts an. Lediglich indirekt waren verschiedene dieser Stimmen hierzulande noch zu hören; in ausländischen Sendern vielleicht oder auf dem Grammophon. Von mir selbst kann ich bezeugen, daß ich Richard Tauber, den meine Eltern sehr liebten, auch selbst mit großer Begeisterung schon als kleines Kind mitgehört und sehr geliebt habe – auf der Platte.

Vielleicht ist dieser Gedanke des Verlusts in mir aufgrund einer ganz persönlichen Erfahrung besonders leicht zur Hand. Im November 1938 erfuhr ich – ich weiß es noch ganz genau, es war während einer Pause in der Scharnhorst-Schule in Stettin –, daß meine drei besten Spielfreunde in Kürze das Land verlassen sollten (wollten? – mußten?). Nichts sonst hat mir in jenen Jahren solche Schmerzen bereitet. Übrigens – apropos Verlust: Ich saß 1955 noch als kleiner Doktorand an meiner Dissertation, als der jüngste der drei, knapp ein Jahr jünger als ich, mich in Heidelberg besuchte. Er war aufgrund seiner Forschungsergebnisse damals schon vom dortigen Physikalischen Institut aus Oxford zum Vortrag eingeladen worden.

Möglicherweise war ich von daher voreingenommen. Jedenfalls war er stets neu, der Gedanke an den Verlust, der mir kam, bei den späteren Begegnungen mit Emigranten wie bei den Besuchen in Israel, im Taxi mit einem aus Dresden stammenden Fahrer, der von der Arbeitslosigkeit um 1930 erzählte, in der Buchhandlung, auf der Straße in Haifa, wo alte Ehepaare so spazierengingen (und sich in so gutem Deutsch unterhielten), wie sie es andernfalls in Berlin-Grunewald getan hätten, vor allem aber bei den deutschsprachigen Vorträgen und erregten Diskussionen – mit einem Publikum, wie ich es in der Bundesrepublik kaum je erlebt habe.

Man kann den Gesichtspunkt des Verlusts bei dem Gedanken an die deutschen Juden sehr unterschiedlich akzentuieren. Man kann neben den Musikern (und Komponisten) an die Physiker, Chemiker, an Philosophen, Sozialwissenschaftler, Ingenieure, Ökonomen, Intellektuelle und unendlich viele andere denken, denen deutsche Wissenschaft, Kunst, Wirtschaft wie überhaupt das intellektuelle Leben im Lande unendlich viel verdanken. Es genügt ja, nur eine Zahl zu nennen. Von 40 deutschen Nobelpreisträgern stammten 11 aus jüdischen Familien. Anders: auf 99 % des deutschen Volkes kamen 29, auf 1 % dagegen 11. Aber das ist nur ein Aspekt dieses Verlusts, freilich ein besonders gut greifbarer.

Denn was wir verloren, gequält, verjagt, unterdrückt, schließlich gemordet haben, war ein nicht unbeträchtlicher Teil unseres Volkes (so würde ich es, vielleicht mit einem gewissen Trotz, nennen wollen), darunter viele Hochbegabte, Hochanimierte, Hochgebildete, des Deutschen auf wunderbare Weise Mächtige. Die sich generationenlang um die Zugehörigkeit zu uns beworben hatten, vielleicht ein wenig mit Übereifer, jedenfalls mit einer gewissen intensiven, wenngleich selten erwiderten Liebe. Die sich nach Generationen nicht nur im formalen Sinne ein Bürgerrecht erworben hatten – nämlich durch Leistungen, durch große Stiftungen, durch intensive Teilhabe an dem, was das Leben, die Vielfalt, die Kultur unseres Volkes ausmacht, aber auch durch Wehr-, durch Kriegsdienste (mit unzähligen Gefallenen) –, trotz vielerlei Unrecht, Verdächtigungen, Mißtrauen, dem sie immer wieder ausgesetzt waren. Sie hatten alles getan, um hier heimisch zu werden. »Ich versuche einzugehen in die Gesellschaft und mir den Glauben der Väter zu bewahren. Man läßt es nicht zu«, so Theodor Herzl.

Was man am Schicksal unserer Sängerinnen und Sänger beispielhaft als Verlust erfährt, dokumentiert das endgültige Scheitern einer nahezu 200jährigen deutsch-jüdischen Geschichte. Rechtlich ist diese Geschichte von Erfolg gekrönt gewesen; wenn auch nicht unwiderruflich: Seit 1871 waren die deutschen Juden gleichberechtigte Bürger. Auch wenn ihnen der Zugang zu vielen Beamtenstellungen und zu Offizierslaufbahnen (dies letztere mit Ausnahme von Bayern) noch eine lange Weile versperrt blieb (einen einzigen Artillerie-Offizier jüdischen Bekenntnisses hat Preußen in der Mitte des 19. Jahrhunderts gehabt: Meno Burg, am Ende wurde er sogar zum Major befördert). Seit 1883/85 waren Juden auch als Reserveoffiziere de facto nicht mehr zugelassen. Aber neben der rechtlichen Gleichstellung mußte ja eine andere Geschichte stattfinden, innerhalb der Gesellschaft, auch innerhalb der Mentalität. Ein Stück auch Identitätsgeschichte.

Sie ist in ihrem positiven Teil mit Begriffen wie Assimilation, Annäherung, Angleichung, Integration und Akkulturation nur unzulänglich zu fassen (und aufzufächern). Es war jedenfalls eine Geschichte des Ineinandergreifens von teilweise heftiger Anziehung und Abstoßung. Von Aufschließung und immer wieder neuem Zuschlagen von Türen. Von viel Liebe, wie schon gesagt – Gershom Scholem hat von einer einseitigen Liebesaffäre der Juden mit den Deutschen gesprochen – von kühnen Hoffnungen, Mißverständnissen (und mangelnder Bereitschaft sowie Fähigkeit, zu verstehen) wie von Ängsten, leider auch geschürten Ängsten, Haß und Selbsthaß – und offensichtlich auch von großen Minderwertigkeitskomplexen; gerade auch auf Seiten der Nichtjuden.

Es war immer wieder eine Geschichte der Verzweiflung. Und mit Verzweiflung ist es, daß man ihren Spuren folgt – im Wissen, wohin sie führte. Mich nimmt diese Geschichte stets neu gefangen. Und es scheint mir jedenfalls angesichts des Geschicks jener »Verstummten Stimmen«, deren wir hier gedenken, nicht unangebracht, einiges davon zu rekapitulieren – im Versuch, etwas von dem, was zu erklären so schwierig ist und was zu verstehen so vieles in einem immer wieder sich sträubt, erneut zur Sprache zu bringen.

Warum war es so schwer, diesen Teil der deutschen Gesellschaft als dieser Gesellschaft voll zugehörig anzunehmen? Gewiß, sie waren von Haus aus etwas anders als die andern. Wenn sich Preußen und Bayern, Protestanten und Katholiken unterschieden, so war es etwas anderes, als wenn Christen und Juden das taten. Nicht die Konfession, sondern die Religion und etwas mehr noch als das, waren da voneinander getrennt. Und es wirkte teils nach, teils weiter der enge Zusammenhang einer kleinen, vielfach bedrohten Minderheit, die sich nicht nur um den Glauben der Väter scharte, sondern auch durch Kleidung, Riten, Speisesitten (eine andere ausschließende Tischgemeinschaft; es sind »Leute, die nicht mit uns essen und trinken«, wurde gesagt) sowie durch ihre Sprache – das Jiddische – von der Mehrheitsgesellschaft schied. Die Ansprüche der Gruppe auf ihre Mitglieder waren kräftig, deren Zugehörigkeit zur Gruppe, deren Trieb zur Solidarität stark ausgebildet.

Aber dann erwiesen sich viele dieser Juden doch auch als frei gegenüber dem Herkommen. Vermochten sich angesichts der vielen Reize und Möglichkeiten, die sich im öffentlichen Raum auftaten – ein gutes Stück weit von ihren Gemeinden zu entfernen. Wagten es – und gewöhnten sich immer mehr daran –, den Kaftan abzulegen und die Kleidung der Mehrheit anzuziehen. Mit den Speisevorschriften zu brechen. Deutsch zu lernen und zu sprechen. Die Kinder zusammen mit den Christen-Kindern auf die Schule zu schicken. Einige ließen sich taufen, oft zunächst mal ihre Kinder. Andererseits begann man den Kult zu reformieren. Auf Emanzipation, auf Gleichberechtigung waren sie bedacht – und hatten dann immer mehr auch an der deutschen Kultur teil, trugen (und formten) sie mit. Es begann die einseitige Liebesaffäre, von der Scholem gesprochen hat.

Aber wenn die Sache schon vom Herkommen, von den Ansprüchen der jüdischen Gemeinden her auf Schwierigkeiten stieß – wenn neben der Individualität immer wieder auch die Zugehörigkeit, die Loyalität sich meldete –, dann war das alles nichts gegenüber den Hindernissen, die sich von der anderen Seite her aufrichteten. Denn dort waren ja nicht gerade die Arme ausgebreitet. Wobei die Borniertheit derer, die – teils uralten Vorurteilen gemäß – als

Christen die Juden ablehnten, noch einigermaßen nachvollziehbar ist.

Die eigentliche Schwierigkeit für das Verstehen bieten nach meinem Urteil die Judenfreunde. Denn die gab es ja (gar nicht so wenig an der Zahl). Nimmt man den ersten derer, die sich hierzulande für die volle Gleichberechtigung der Juden öffentlich einsetzten, den preußischen Kriegsrat Christian Wilhelm Dohm, so ist es noch einfach. Er fand, 1781, die Juden seien verdorben. Nicht, weil sie von Natur nicht die gleichen Fähigkeiten wie andere hätten, sondern weil ihre Lage das so mit sich gebracht habe. Von ihm stammt der Satz: »Der Jude ist noch mehr Mensch als Jude.« Er bedürfe der Erziehung, aber eben auch der rechtlichen Gleichstellung, dann würde sich alles ändern.

Oder, um es in den Worten Christian Fürchtegott Gellerts schon von 1746 zu sagen: »Vielleicht würden viele von diesem Volk bessere Herzen haben, wenn wir sie nicht durch Verachtung und listige Gewaltanwendung ... niederträchtig und betrügerisch in ihren Handlungen machten und sie nicht oft durch unsere Auffassung nötigten, unsere Religion zu hassen.« Bei Grillparzer in »Die Jüdin von Toledo« heißt es 1872: »Was sie verunziert, es ist unser Werk; Wir lähmen sie und grollen, wenn sie hinken.« Damit war freilich auch gemeint, daß dann das Judentum an Kraft des Gruppenzusammenhalts verlieren werde. Die religiöse Bindung werde in dem Maße abnehmen, in welchem sie sich fester an den Staat binden. Um so weniger würden sie dann Juden bleiben.

Seit 1781 aber waren an die 100 Jahre vergangen, als der Antisemitismus neu und heftig aufflammte. Die rechtliche Gleichstellung der Juden war im wesentlichen erfolgt. Sie waren aufgestiegen, waren, wenn auch nicht voll, so doch weitgehend – zu Teilen der Gesellschaft geworden. Sie hatten auch in der Oberschicht wichtige Positionen gewonnen. Man hatte mit ihnen zu tun, man konnte sie kennen.

10 % der Studenten an deutschen Universitäten stammten aus dem einen Prozent der Bevölkerung, das die Juden ausmachten. Sie waren Ärzte, Rechtsanwälte, Journalisten, Bankiers, Politiker u.a. Lediglich im Staatsdienst gab es Barrieren, sofern sie nicht konvertierten. Und, wie gesagt, viele setzten sich für die Rechte der Juden ein, auch z.B. für ihre Berufung als Professoren. Sie meinten dabei nicht nur diesen und jenen, denn das gab es ja immer, auch unter Antisemiten, daß man Einzelne von allgemeinen Vorurteilen ausnahm. »Jude, aber anständig«, sagte man dann, ich habe es noch gut im Ohr.

Nein, diese Judenfreunde wollten durchaus alle Juden mit allen Rechten ausgestattet wissen, wollten sie als Deutsche verstehen. Nur – sollten sie dann auch Juden bleiben? Waren die Freunde der Juden auch Freunde der Juden als Juden, als Juden zumal, die Juden bleiben wollten? Juden, die ein gewisses Gepäck dabeihatten, auf das sie nicht einfach verzichten wollten, den Glauben der Väter etwa? Auch wenn sie ihn vielleicht nicht mehr wörtlich teilten.

Was man wünschte, waren – wie es bei Lessing in seinem Stück »Die Juden« heißt – »Juden, die nicht so aussehen und die man nicht dafür hält« und genauer noch: die es nicht mehr waren. Juden also, die den wesentlichen Teil von sich, mit dem sie Juden waren, selbst verleugnen – und sich von ihrer Herkunft lösen. Es sieht auf den ersten Blick so aus, wie wenn das Eintreten für die Juden den Gegnern gegenüber damit hätte entschuldigt werden müssen, daß sie am Ende – wenn sie emanzipiert wären – gar keine Juden mehr wären. Aber – so ist jedenfalls mein Verdacht – es ging nicht nur um Taktik. Vielmehr scheint man letztlich auf so hohem Thron gesessen zu haben, daß man gar nicht verstand, wie jemand freiwillig Jude bleiben (und an seinem Herkommen, zumindest an diesem und jenem davon festhalten) wollte.

Wie auch die Juden ihren Stolz hatten, nicht gleich alles, was sie hatten und waren, aufgeben wollten, um überzulaufen. Was im übrigen ja, wie man wissen konnte, gar nicht so leicht war, da die Ablehnung der Juden doch immer noch so stark war, daß sie, selbst wenn sie sich taufen ließen (und evtl. andere Namen annahmen) – für viele Juden blieben (samt all dem, was daran hing). Sie hätten sich also vom einen Ufer lösen müssen, ohne am anderen ganz anzukommen. Auch deswegen war es doch wohl, daß so wenige sich taufen ließen. Und was bedeutete es doch, daß man gleichsam ab ovo mit einem Makel belegt war, wenn man nicht getauft war? Daß die Herkunft aus einer so uralten, so fest zusammenhaltenden Gemeinde – und die Treue zu dieser Herkunft – einfach für nichts geachtet werden sollte? Daß ein wichtiger Teil ihrer selbst, eben die Herkunft, nur gleichsam auf Abbruch in die Gesellschaft übernommen werden sollte? Selbst, wenn man sie am liebsten losgeworden wäre, mußte man dann nicht – angesichts solch entwürdigender Erwartungen – gerade daran festhalten?

Um es kurz zu sagen, auch den Judenfreunden scheint es an einem Sensorium für das gefehlt zu haben, was die Juden ausmachte und was sie umtrieb. Sie wollten die Existenzberechtigung der jüdischen Religion nicht bestreiten. Sie hätten sie verteidigt. Aber wirklich überzeugt von ihr waren sie doch wohl nicht. Was immer man also für die Juden tat, sie blieben Andere. Und das war ärgerlich oder zumindest nicht recht zu verstehen. Der Eifer mutiger Vorkämpfer ist deswegen nicht unbedingt erlahmt. Aber es gab Probleme.

Lassen Sie mich das kurz demonstrieren an einem Dokument, an der Schrift eines Mannes, dem der Antisemitismus nicht nur fremd, sondern zutiefst zuwider war und der ihn deswegen offen und temperamentvoll bekämpft hat. Als Heinrich von Treitschke 1879 erklärt hatte, »von unseren

Jüdischen Mitbürgern« sei zu verlangen, »sie sollten Deutsche werden, sich schlicht und recht als Deutsche fühlen«, entgegnete Theodor Mommsen, denn von dem ist jetzt zu reden: »Sie sind es ja, so gut wie er und ich. So wenig wie die Nachkommen der französischen Colonie in Deutschland geborene Franzosen sind, so wenig sind ihre jüdischen Mitbürger etwas anderes als die Deutschen.« Mommsen wehrt sich aufs schärfste dagegen, die Juden als »Mitbürger zweiter Klasse ..., als eine allenfalls besserungsfähige Strafcompanie« anzusehen. »Das heißt, den Bürgerkrieg predigen.«

Durch »Recht und Ehre« sei die Nation verpflichtet, die Juden »in ihrer Rechtsgleichheit« zu schützen, sowohl vor offenem Rechtsbruch wie vor administrativer Prellerei. Die Wahrnehmung dieser Pflicht hänge keineswegs ab von dem Wohlverhalten der Juden. »Aber« – so geht es weiter und darum geht es hier – »wovor nicht wir sie schützen können, das ist das Gefühl der Fremdheit und Ungleichheit, mit welchem auch heute noch der christliche Deutsche dem jüdischen vielfach gegenübersteht.« Und das trage für sie wie für uns eine Gefahr in sich, nämlich die des »Bürgerkriegs einer Majorität gegen eine Minorität«. Es sei »auch nur als Möglichkeit eine Calamität«.

Weil dem so ist, also weil »wir«, d.h. Mommsen und seine Gesinnungsgenossen, die Juden nicht vor »dem Gefühl der Fremdheit und Ungleichheit« schützen können, »mit welchem auch heute noch der christliche Deutsche dem jüdischen vielfach gegenüber steht«, haben also die Juden eine Bringschuld. Denn: »Was das Wort ›Christenheit‹ einst bedeutete, bedeutet es heute nicht mehr voll; aber es ist immer noch das einzige Wort, welches den Charakter der heutigen internationalen Civilisation zusammenfaßt und in dem Millionen und Millionen sich empfinden als Zusammenstehende auf dem völkerreichen

Erdball. Außerhalb dieser Schranken zu bleiben und innerhalb der Nation zu stehen ist möglich, aber schwer und gefahrvoll. Wem sein Gewissen, sei es positiv oder negativ, es verbietet, dem Judenthum abzusagen und sich zum Christenthum zu bekennen, der wird dementsprechend handeln und die Folgen auf sich nehmen; Betrachtungen dieser Art gehören in das Kämmerlein, nicht in die öffentliche Discussion.«

Mommsen spricht davon, daß der »Eintritt in eine große Nation« seinen Preis kostet. Hannoveraner, Hessen »und wir Schleswig-Holsteiner« sind daran, ihn zu bezahlen, wohl wissend, »daß wir damit von unserem Eigensten ein Stück hingeben«. So sollten es auch die Juden tun. Sie »führt kein Moses wieder in das gelobte Land; mögen sie Hosen verkaufen oder Bücher schreiben. Es ist ihre Pflicht, soweit sie es können, ohne gegen ihr Gewissen zu handeln, auch ihrerseits ihre Sonderart nach bestem Vermögen von sich zu tun und alle Schranken zwischen sich und den übrigen deutschen Mitbürgern mit entschlossener Hand niederzuwerfen.«

Ganz abgesehen von der Zumutung, die diese Worte enthalten: Hätten die Juden das gekonnt? Wären die Schranken nicht von der anderen Seite neu aufgerichtet worden? Mommsens Verlangen ist auf den ersten Blick nicht ohne – unfreiwillige – Ironie. Der Mann, der seinen Glauben wahrhaft nicht hochhielt, erwartete von anderen, daß sie sich diesem Glauben anschlossen. Doch kann man es auch umgekehrt sehen: Gerade weil ihm der Glaube nicht gar so wichtig war, meinte er, den anderen – außer denen, die das nicht konnten, ohne gegen ihr Gewissen zu handeln – gehe es ebenso. Aber darin lag, meine ich, die Verkennung. Die Juden kamen vom Glauben ihrer Väter (und allem, was daran hing) bei weitem nicht so los wie die Christen von dem ihren. Deswegen ist dieses Zeugnis eines Mannes, der sich für die Juden so entschieden eingesetzt hat, der die deutschen Juden so unumwunden gar für einen deutschen Stamm hielt, so interessant. Wer, wenn nicht er, hätte sich fragen sollen, was diese Juden so sehr umtrieb, was es ihnen so schwierig machte, sich als das, was sie waren, als Juden nämlich, einfach dranzugeben. Und wenn er es nicht tat – wie sollten es andere tun?

Es ist nicht meine Sache hier, den tieferen Gründen nachzuspüren, warum es so schwer war, das Recht der Juden auf ihre Sonderart (um Mommsens Ausdruck zu benutzen) und das wahre Gewicht dieser Sonderart zu verstehen und zu respektieren. Man kann auf Vorstellungen von der notwendigen gesellschaftlichen Einheit – den mangelnden Sinn für Pluralismus – verweisen auf Eigenarten von Fortschrittsannahmen und vieles andere.

Was mir wichtig war an diesem Beispiel, ist nur, wie wenig Mühe, wie wenig Bereitschaft da waltete, die jüdischen Mitbürger zu verstehen – in dem, was sie waren, was viele von ihnen sein mußten, gerade weil man sie nicht verstand, gerade weil man sie als Leute nahm, denen etwas fehlte (was sie doch bitte nachliefern sollten), statt daß man sie als auf ihre Weise andere genommen hätte, die eben, weil sie auf ihre Art anders waren, zur Vielfalt, zum Reichtum der eigenen Nation beitragen konnten – und es wahrhaftig ja auch getan haben. Keiner, soweit ich weiß, hat gesagt, daß die Juden, weil und indem sie Juden waren, der deutschen Gesellschaft guttaten. Und so kam es immer wieder zur Resignation.

»Antisemitismus« hat Mommsen 1893 gesagt, »ist die Gesinnung der Canaille. Er ist wie eine schauerliche Epidemie, wie die Cholera – man kann ihn weder erklären, noch heilen«. Da ist sie, die Resignation. Dann heißt es: Man muß offen dagegen protestieren, so wäre wenigstens »unsere Ehre vor den Enkeln gerettet«. Bei Walther Rathenau kann man es von der anderen Seite ganz entsprechend hören: Da ist zum einen das rückhaltlose und wohlbegründete Bekenntnis, Deutscher zu sein – und dann 1911 die Resignation: »In den Jugendjahren eines deutschen Juden gibt es einen schmerzlichen Augenblick, an den er sich zeitlebens erinnert: wenn ihm zum ersten Male voll bewußt wird, daß er als Deutscher zweiter Klasse in die Welt getreten ist und daß keine Tüchtigkeit und kein Verdienst ihn aus dieser Lage befreien kann.« Es war kein Grund für ihn, auf Tüchtigkeit und Verdienst zu verzichten. Im Gegenteil! Aber es war doch ein Stachel im Fleisch. Vielleicht ließe sich auch die tiefe Enttäuschung, die Ignatz Bubis am Ende seines Lebens – nach so viel Kampf, nach so vielen Erfolgen auch – empfand, in diesen Zusammenhang einreihen. Im Verhältnis zu den Juden, den jüdischen Mitbürgern, war Deutschland im 19. Jahrhundert nicht unbedingt auf einem Sonderweg begriffen. Oder wenn es das war, so, weil es um dieses Verhältnis hier besser bestellt war als in den meisten anderen Ländern.

Mommsen hat 1894 die Hoffnung auf die »steigende Humanisierung der Deutschen« gesetzt, womit der Antisemitismus nicht schlechthin beseitigt, aber doch zurückgedrängt werde. Und es haben sich ja gerade in den ersten Jahrzehnten des 20. Jahrhunderts (bei allen möglichen Rückschlägen, bei allem seit der Mitte des Ersten Weltkrieges neu sich verstärkenden Antisemitismus) manche Gräben abgeflacht. Man kann es statistisch an der Zahl der Mischehen ablesen. 1876/80 haben 4,4% der Juden und Jüdinnen, 1916/1920 20,8% von ihnen in Preußen Nichtjuden geheiratet. 39% waren es Anfang der 30er Jahre in Hamburg. Schließlich aber ist alles, wie man weiß, in der Katastrophe geendet.

Aber sie stießen kaum auf Gegenwehr, und es gab auch Verständnis. Saul Friedländer spricht von einem »gespaltenen Bewußtsein« bei einem großen Teil der Bevölkerung. So konnte es sein, daß manche mit der Brutalität der Entlassungen jüdischer Intellektueller aus ihren Stellungen nicht einverstanden waren, aber begrüßten, daß das deutsche Kulturleben vom »übermäßigen Einfluß« der Juden gereinigt wurde. Er führt als Beispiel Thomas Mann an, er hätte auch Theodor Heuss nennen können – um nur zwei höchst honorige Zeugen aufzurufen. Beide haben sich dazu allerdings nur in Briefen respektive im Tagebuch geäußert. Keine Rede davon, daß sie es öffentlich gesagt hätten. Und wohl auch nicht, daß sie es später gesagt oder gedacht hätten.

Heute, ein Dreivierteljahrhundert ist es her, daß die Stimmen (auch für uns) verstummten, seit 64 Jahren ist das Dritte Reich passé – heute stellt sich zunehmend die Frage, wie es weitergehen kann und soll mit dem Gedenken an die ungeheuerlichen Untaten und Verbrechen jener Zeit, an die Opfer. Allenthalben wird festgestellt, sie dürften nicht vergessen werden. Aber das ist nicht das Problem, denn sie können gar nicht vergessen werden. All die Schlußstrichhoffnungen sind längst widerlegt. Ein ganzes Gedenkwesen wohletabliert.

Die Frage ist vielmehr, wie man mit dem Wissen umgeht, es vermittelt, verbreitet, es lebendig erhält, es aussagekräftig macht, immer neu, wie man es wirken, wie man es zu Herzen gehend machen kann. Historiker haben dafür wenig Sinn. Das hat sich z. B. beim Historikerstreit der späten 1980er Jahre gezeigt. So wie der Diskurs dieser Wissenschaft läuft, ist es auch nicht unbedingt ihre Sache. Und wenn man es den Kultusministern überantworten wollte, wäre es, fürchte ich, so verloren wie doch das meiste, was sie in die Finger kriegen. Es ist eher ein gesellschaftliches Problem. Ein Problem von uns allen.

Immer war es ungeheuer schwer, etwa unseren Kindern zu vermitteln, Jahrgang für Jahrgang, was damals getan worden ist und daß nicht nur Hitler und die SS, sondern die Deutschen dafür die Verantwortung tragen (und in nicht geringem Maße daran auch beteiligt gewesen sind). Immer sind dabei Umwege gesucht, Abstriche gemacht, Beschönigungen vorgenommen worden. Schließlich bot sich – und bietet sich – die Flucht in das stumpfsinnige Betroffensein. Wie will man damit auch fertig werden? Inzwischen gelangt die Sache in der Generationenfolge wirklich ins dritte und vierte Glied. Die letzten Zeitzeugen sterben. Die Welt hat sich unendlich verändert. Immer größer wird unter den Jüngeren der Anteil derer, die, wie es so schön heißt, einen Migrationshintergrund haben. Selbstverständlich bleibt die Judenverfolgung, bleibt Auschwitz ein wesentliches Thema des Geschichtsunterrichts, weit über Deutschland hinaus. Aber es rückt tiefer in die Geschichte hinein, und die Möglichkeit, es im Land der Täter als Teil der eigenen Geschichte zu verstehen, nimmt ab.

Da braucht man – und da gewinnt man vielleicht auch – neue Zugänge. Da könnte es möglich werden, die Dinge differenzierter zu sehen, sie den Genossen unserer Zeit gar näher zu bringen. In diesem Sinne scheinen mir Ausstellungen wie diese höchst dankenswert zu sein. Indem sie einen kleinen Teil des Geschehens ganz konkret sichtbar machen. Noch fern von Auschwitz, aber auf dem Weg, der dahin führte. Einen Teil des Geschehens, der sich mitten unter uns abspielte, unter aller Augen.

2. Gespräch

Sie haben die Ausstellungseröffnung im Darmstädter Staatstheater zum Anlaß genommen, die Geschichte der Vertreibung und Ermordung der jüdischen Künstler weniger aus der Perspektive der Opfer zu erzählen, sondern aus der, was »wir«, die Mehrheitsgesellschaft, eigentlich verloren haben.

Das ergab sich zum einen aus dem Studium der Ausstellungspläne. Je mehr ich darüber nachdachte, umso mehr fand ich, daß man auch diese Seite der Judenverfolgung zur Sprache bringen sollte. Unsere Juden waren wichtige Teile der Gesellschaft. Wir haben uns ins eigene Fleisch geschnitten, indem wir sie verfolgt, verjagt, und gegebenenfalls ermordet haben.

Heute sind wir dem Anschein nach weiter: Von Politikern hört man, daß die Juden, weil und indem sie Juden sind, der deutschen Gesellschaft guttun. Nur in der Gesellschaft gibt es schrille Stimmen, die das Gegenteil behaupten. Nun sind Sie selbst in der Zeit des Nationalsozialismus aufgewachsen. Alle Jugendlichen mußten mit 10 Jahren ins Deutsche Jungvolk eintreten und vom 14. bis 18. Lebensjahr Mitglied der Hitlerjugend sein. Insofern sprechen Sie als ehemaliger »Hitlerjunge«, der möglicherweise auch antisemitische Lieder mitgesungen hat, über die Verfolgung der Juden. Waren Sie damals affiziert von der nationalsozialistischen Indoktrination?

Es gibt ein paar Fotografien aus der Zeit, wo ich in Kluft mit Tornister und Händen an der Hosennaht, wie ein strammer Soldat Haltung annehmend, zu sehen bin. Auf einer »zivilen« Jacke trage ich drei kleine Abzeichen, eins war vom Ruderclub, eins vom Jungvolk, eins von der Hitlerjugend. Eine Art Ordensschmuck? So wie ich das Jungvolk erlebt habe, war manches lästig (zweimal die Woche »Dienst«, viel Sport, insbesondere Boxen, was ich gar nicht mochte). Aber manches habe ich auch gern gehabt, Dinge, die aus der Jugendbewegung übernommen waren, Geländespiele, Studium von Generalkarten, Schießübungen usw. Schlimm waren einige der Lieder, die antisemitisch waren. Ein paar besonders üble Strophen habe ich leider im Gedächtnis behalten, weil ich sie wohl mitgegrölt habe. Eine andere Frage ist, wie weit man ideologisch in Anspruch genommen wurde. Vieles war einfach billig, mußte nur auswendig gelernt werden: »Unser Führer Adolf Hitler wurde am 20. April 1889 in Braunau am Inn geboren. …« Ähnlich ließen sich ein paar Punkte des Parteiprogramms der NSDAP hersagen. Vielleicht ist mancher dadurch zum Nazi geworden. Wie weit der Glaube an die Überlegenheit der germanischen Rasse verbreitet war, weiß ich nicht mehr. Ich erinnere mich aber an das Vergnügen, mit dem ich mit Schulkameraden das Spottlied gesungen habe: »Heil Hitler, ihr alten Germanen, Verwandte von Goebbels und Ley …«

Hat das Leistungsethos der Nationalsozialisten (»flink wie Windhunde, zäh wie Leder und hart wie Kruppstahl«) auf Sie abgefärbt?

In gewissem Ausmaß ja. So wollte ich auch unbedingt das »Leistungsabzeichen« erwerben. Als ich es endlich in Bronze errungen hatte, obwohl ich im Werfen besonders schlecht war, habe ich es stolz getragen.

Sie haben in Ihren Gesprächen mit Georg Frühschütz schon manches aus Ihrem Leben erzählt.[1] *Dennoch würde ich gerne noch einmal nachfragen und einige Punkte vertiefen.*

1 Christian Meier: Der Historiker und der Zeitgenosse. Eine Zwischenbilanz. München 2014

Zunächst: Wie würden Sie das familiäre Umfeld charakterisieren, in dem Sie aufgewachsen sind?

Mein Vater war das zweite von drei Kindern und ist in Braunschweig groß geworden. Mein Großvater war Altphilologe, Archäologe, später auch Kunsthistoriker, Denkmalpfleger und Direktor des Herzog-Anton-Ulrich-Museums, übrigens auch ein innovativer Forscher, etwa zur Siedlungsgeschichte. Um die mittlere Reife zu schaffen, wurde mein Vater zu einem Pfarrer geschickt, der ihm intensiven Unterricht gab. Anschließend ist er auf die Kolonialschule nach Witzenhausen gegangen und dort durch Unartigkeit und Unaufmerksamkeit aufgefallen. Seine Relegation von der Schule konnte nur durch eine Einmischung des Herzogs von Braunschweig verhindert werden, den mein Großvater mobilisiert hatte. Später war er im landwirtschaftlichen Beratungsdienst in Stolp/Pommern tätig, wo ich geboren wurde, anschließend in Stettin, Posen und Rostock.

Wie haben Sie Ihren Vater als Kind erlebt?

Im Rückblick muß ich sagen: Ich konnte froh sein über einen solchen Vater. In der Rostocker Zeit lag das Büro meines Vaters in der Nähe, so daß er mittags zum Essen nach Hause kommen konnte. Die gemeinsamen Tischgespräche werde ich nicht vergessen. Allerdings war er zuckerkrank. Am liebsten lag er in seiner Freizeit auf der Couch und las ein Buch, häufig einen englischen Roman. Er war in mancher Hinsicht abwesend. Wenn ich eine gute Schulzensur nach Hause brachte, habe ich gelegentlich zweimal davon berichtet und beide Male eine Mark Belohnung bekommen.

Umso präsenter war wahrscheinlich Ihre Mutter?

Meine Mutter war elf Jahre jünger als mein Vater und eine lebensfrohe, sehr schöne Frau. Im Krieg war sie Helferin beim Roten Kreuz, woraus ihr zeitweise Schwierigkeiten erwuchsen, weil ihr im Führungszeugnis der Parteileitung bescheinigt wurde, daß sie vom Nationalsozialismus »noch nichts erfaßt« habe. Nach 1946 hat sie sich in Rostock allein mit meinem jüngeren Bruder und zeitweilig auch mit mir durchschlagen müssen. Sie hat zuerst als Putzfrau gearbeitet und bekam dann eine Anstellung als Dekanatssekretärin an der Universität. Dort hat sie sich wohlgefühlt und mit den Studenten viele Feste gefeiert. Schon als Kind habe ich ihr Platten mit Schlagermusik aufgelegt, wenn sie Wäsche bügelte. Ich hatte ein ganz enges Verhältnis zu meiner Mutter.

Welchen religiösen Hintergrund hatte Ihre Familie?

Getauft worden bin ich unter der schwarz-weiß-roten Fahne des Kaiserreichs. Meine Großmutter mütterlicherseits, die ich sehr geliebt habe, war fromm. Sie hat immer moniert, daß ihr Schwiegersohn nicht zur Kirche ginge. Aber irgendwann schaffte er sich die übliche Melone als Kopfbedeckung an und wurde Kirchgänger. Später war er tatsächlich fromm. Ich bin natürlich konfirmiert worden. Irgendwann fand mein Vater, daß ich zu wenig zur Kirche ginge.

Ihre Großmutter scheint die traditionellen Werte verkörpert zu haben.

Sie stammte aus einer preußischen Offiziersfamilie und hat gerne Familiengeschichten erzählt, die ich begierig aufgenommen habe. In ihren Schilderungen spielte Friedrich der Große eine wichtige Rolle, weil einer unserer Vorfahren Großkanzler bei ihm war, Philipp Joseph von Jariges, ein Hugenotte. Im Testament Friedrichs wurde er als »Beamter von vorbildlicher Unbestechlichkeit« gerühmt, was auch für mich immer ein Ideal war, dem ich gerecht zu werden suchte. Dann hat sie von verschiedenen Vorfahren, die Leutnants gewesen waren, erzählt. Obwohl wir sonst nichts über sie wußten, konnte sie ihre Geschichten herrlich ausschmücken. Sie hat in mir ein gewisses Faible für das

Militärische geweckt. Es gibt aus meiner Kindheit in Stolp, da war ich vielleicht vier oder fünf Jahre alt, eine Fotografie, die mich mit einer sogenannten Heldenbrust zeigt. Das war das Imitat der Brust einer Offiziersuniform aus Pappe. Außerdem hatte ich eine Militärmütze auf dem Kopf. So ausstaffiert, nahm ich vermeintlich eine Parade ab. Tatsächlich zog an unserem Haus manchmal eine Reiterbrigade vorbei, der ich womöglich salutiert habe. Als 1939 der Polenfeldzug begann, ging meine Großmutter mit mir in einen Laden, um eine Landkarte von Polen zu kaufen. Zu Hause bastelte ich mit Stecknadeln und Papierschnipseln kleine Fähnchen und markierte mit einem Bindfaden die Frontlinien. Mit Frankreich ging es im Frühjahr 1940 weiter. Unvergeßlich ist mir, wie meine Großmutter nach all den Erinnerungen an den Ersten Weltkrieg die Nachricht aufnahm, daß Verdun »im Sturm genommen« sei.

Wie standen Ihre Eltern zum Nationalsozialismus?

Mein Vater war von Anfang an ein entschiedener Gegner des Nazi-Regimes. Einer seiner Freunde stand vor Freislers Volksgerichtshof, im letzten Prozeß, bevor den eine Bombe traf. Er setzte starke Hoffnungen auf General Kurt von Hammerstein-Equord, den Chef der Heeresleitung bis 1933, der zum militärischen Widerstand gegen Hitler gehörte. Diese Figur ist auch mir durch seine Erzählungen noch ganz deutlich im Gedächtnis. Und mein Vater war höchst sensibel: Harmloser, hübscher Schmuck durfte nicht auf den Weihnachtsbaum, weil er beim HJ-Winterhilfswerk erworben worden war. Meine Eltern legten Wert darauf, daß ich den Respekt vor den Juden nicht verlor und weiter mit meinen jüdischen Freunden spielte, als andere Kinder sich schon von ihnen abgewandt hatten. Als mich der Hund eines jüdischen Nachbarn angriff und der mir eine Tafel Schokolade schenkte, nutzte mein Vater die Gelegenheit, mir zu sagen, da sähe ich, wie nett Juden seien. Am Mittagstisch redete er ganz offen. Ich bekam immer eingeschärft: Aber das darfst du nie jemandem weitersagen, sonst kommt dein Vater ins KZ. Andererseits war mein Vater offenbar ganz einverstanden damit, daß mich die Wehrmacht so stark faszinierte, nachdem er mir eine so negative Einstellung zu Partei und Regierung vermittelt hatte.

Da hat man Ihnen im kindlichen Alter schon ein großes Vertrauen entgegengebracht, daß Sie sich nicht verplappern.

Da ich mich an die Schweigepflicht gehalten habe, also mit meinem Denken stets ein Stück weit aus meiner Umgebung heraus war, muß hier eigentlich einer der Gründe dafür gelegen haben, daß ich eine relativ weitgehende Eigenständigkeit ausgebildet habe, die mein weiteres Leben bestimmt hat.

Die Wehrmacht war für Sie also positiv, aber die Partei negativ besetzt?

Ich kann noch heute keinen 19. Dezember verbringen, ohne daran zu denken, daß an diesem Tag des Jahres 1941 der damalige Oberbefehlshaber des Heeres, General Walther von Brauchitsch, abgesetzt wurde und Hitler an seine Stelle trat. Das hat mich schon als Zwölfjährigen umgetrieben, weil von da an die Wehrmachtsführung sozusagen von der Nazi-Regierung vereinnahmt worden war. Einen ähnlichen Stich hat mir ein Erlebnis im Juli 1944, kurz nach dem Attentat auf Hitler, versetzt. Auf dem Bahnhof in Dessau – ich hatte gerade ein chemisches Praktikum dort absolviert – sahen wir Soldaten, die nicht mehr militärisch grüßten, sondern den Arm zum Hitlergruß ausstreckten. Himmler hatte das angeordnet. Mich hat das tief irritiert.

In der Schule sind Sie wohl auf nationalsozialistische Lehrer gestoßen?

Auf dem Gymnasium in Rostock war der Einfluß der Nazi-Ideologie in meinem Fall kaum spürbar. Fünfzig Jahre nach Kriegsende habe ich in einem Artikel in der FAZ an einen meiner alten Lehrer, einen Freimaurer, erinnert. [*Müde Gaedt. Gedenkblatt für einen Lehrer*, vgl. S. 131 f.]

Sind Sie gerne in die Schule gegangen?

Ich habe mich treiben lassen, fleißig meine Schulaufgaben gemacht und war ein guter, aber ungezogener Schüler. Ich bekam irgendwann sogar das Consilium abeundi, das ich nur überstanden habe, weil ich so gute Noten hatte. Bei meinem Vater habe ich aber stets Unterstützung gefunden. Er fand es unangebracht, daß man in der Schule ständig diszipliniert wurde. Außerdem war er als Schüler wohl ähnlich unmanierlich gewesen.

Gab es denn Gründe für die Rebellion?

Nein. Es waren Schulstreiche à la *Feuerzangenbowle*.

Was haben Sie in Ihrer Freizeit gemacht?

Ich war begeistertes Mitglied des Gymnasial-Ruderclubs, wurde auch bald zum Obmann gewählt und mußte dann z.B. an die Angehörigen der im Krieg gefallenen älteren Mitglieder des Clubs Kondolenzbriefe schreiben. Außerdem habe ich Klavierunterricht bei einer Lehrerin namens Toni Leo genommen, die übrigens auch bei Walter Kempowski vorkommt. Aber irgendwann im Alter von 13 oder 14 Jahren hatte ich die Lust verloren und wollte aufhören. Das lehnte mein Vater mit der Begründung ab, wir müßten die Lehrerin, die Halbjüdin war, unterstützen. So habe ich bis zu meiner Musterung Klavier spielen müssen.

Wie haben Sie die vielen Luftangriffe auf Rostock in Erinnerung?

Rostock hatte ab 1941 unter schweren Fliegerangriffen zu leiden. Ich gehörte zu einer Luftschutzgruppe, die unsere Schule zu bewachen hatte. Glücklicherweise ist das Schulgebäude nie getroffen worden. Immer wenn Alarm war, meistens nachts, mußte ich mit dem unbeleuchteten Fahrrad dorthin rasen. Es gab verschiedene Einsätze, etwa Ziegel von Hand zu Hand geben, damit ein Dach wieder gedeckt werden konnte. Nach meiner kindlichen Erfahrung haben die Bombenabwürfe vor allem Wut gegen die Angreifer hervorgerufen. Man ist ja wehrlos. Daß man die Menschen durch Luftterror zum Aufgeben verleiten kann, halte ich für völlig unwahrscheinlich. Man sieht das gerade auch in der Ukraine.

Sind Sie wie die Generationsgenossen Günter Grass, Martin Walser, Joachim Fest oder Niklas Luhmann Flakhelfer geworden?

Nein, dazu war ich zu jung.

Wie war es mit dem Wehrdienst, für den Sie eine gewisse Faszination verspürten?

Bei der Hitlerjugend gab es Offiziere, meistens schwer verwundete Leute, die an der Front nicht mehr eingesetzt werden konnten und jetzt Werbung für die Wehrmacht machten. Bei einer dieser Anwerbeaktionen habe ich mich mit etwa 14 Jahren als Reserve-Offiziersbewerber eintragen lassen. Als äußeres Zeichen bekam man eine kleine Litze an das Achselstück der HJ-Uniform. Später hieß es, der Führer wünsche, daß der Jahrgang 1929 geschlossen zur Waffen-SS gehe. Auf dieses Gerücht hin bin ich mit ein paar Kameraden zu dem Nachwuchsoffizier gegangen, der früher Bannführer der Hitlerjugend in Rostock gewesen war, und habe gesagt: »Wir haben uns doch zum Heer gemeldet, wir wollen nicht zur Waffen-SS.« Er sagte: »Dabei bleibt es auch.« Bei meiner Musterung im Januar 1945 wurden Offiziersbewerber zurückgestellt. Allzu junge Leutnants wollte man nicht.

Mußten Sie als Wehrpflichtiger nicht damit rechnen, im letzten Moment noch an die Front zu müssen?

Ich durfte die Stadt nicht ohne weiteres verlassen, als sich die Rote Armee im April 1945 näherte. Mein Vater fand eigentlich, ich sollte nicht fliehen – wie so viele NS-Leute es taten, die ich nicht zuletzt deswegen verachtete. Er selbst wollte ebenfalls bleiben. Meine Mutter sollte mit meinem kleinen Bruder die Stadt verlassen. Sie hat ihn aber bekniet, sie zu begleiten, so daß er schließlich auch zur Flucht bereit war. Ich sollte ebenfalls mitkommen. Jede Verteidigung der Stadt wäre ja auch sinnlos gewesen. Später habe ich von meiner Mutter erfahren, daß sich die Eltern von einem befreundeten Apotheker sogar Zyankali besorgt hatten – für den Fall, daß sie doch in die Hände der Russen fallen würden. Das Gift hat meine Mutter ihm 1946 wieder zurückgegeben.

Welche Erinnerung haben Sie an die Flucht?

Am Weißen Kreuz in Rostock stand ein Wehrmachtspolizist, der alle Lastwagen anhielt und prüfte, ob sie noch Platz für Flüchtlinge hatten. Irgendwann hat uns ein Militärlastwagen ein Stück weit nach Westen mitgenommen, dann mußte man sehen, daß man ein weiteres Fahrzeug bekam. Wir fanden zunächst bei einer Freundin meiner Mutter auf einem Gut im Norden Hamburgs Aufnahme. Dann aber löste sich die Familie auf. Mein Vater entschied sich dafür, seinen Vater in Braunschweig zu Tode zu pflegen. Mutter und Bruder gingen nach Bielefeld zu einer Schwester meiner Mutter. Ich kam in die Familie eines Freundes meines Vaters nach Blankenese, um von dort aufs Gymnasium, das Christianeum, zu gehen. Da abzusehen war, daß der Wohnraum bewirtschaftet würde, fand der Freund meines Vaters es ganz passend, zusätzlich zu seinen eigenen drei Kindern noch einen Jungen aus dem Osten aufzunehmen.

Sie haben in der »Stunde Null« mit dem Zusammenbruch aller staatlichen Ordnung also sehr massiv persönliche Not und Gefährdung erlebt, den Verlust von Wohnung und persönlicher Habe, die Trennung von der Familie usw. Wie haben Sie sich unter den neuen Umständen zurechtgefunden?

Ich habe mich in der Pflegefamilie schnell sehr wohlgefühlt. Der älteste Sohn war ein Jahr jünger als ich. Es wurde viel gelacht. Meine Pflegemutter erfand trotz des Mangels an Lebensmitteln immer neue Feste, wo wir Kinder dann z.B. etwas aufzuführen hatten. Aus dem Alten Land, einem großen Obstanbaugebiet, das auf der anderen Seite der Elbe lag, beschaffte mein Pflegevater, als man den Fluß wieder überqueren durfte, immer mal Äpfel und dergleichen. Ich habe also nicht unter Hunger, wie so mancher andere, gelitten. Hinter dem kleinen reedgedeckten Haus gab es einen Hühnerschlag und einen Kaninchenstall. Ich fand es außerordentlich lästig, für die beiden Kaninchen Futter, Spitzwegerich etwa, herbeizuschaffen, was von mir erwartet wurde. Irgendwann habe ich erklärt, von den Kaninchen, die im Winter geschlachtet werden sollten, nichts abbekommen zu wollen, wenn ich nur von der Sorge für das Futter befreit würde. Am Ende wurden die beiden Kaninchen gestohlen.

In der soziologischen Fachliteratur wird hervorgehoben, wie desillusioniert und verunsichert die zwischen 1926 und 1930 Geborenen als Generation, die die Endphase des Krieges bewußt und zum Teil sogar aktiv miterlebt hat, 1945 gewesen seien. Was haben Sie als Sechzehn-/Siebzehnjähriger vom politischen Zeitgeschehen mitbekommen?

Ich habe mich ganz früh für die Nürnberger Prozesse interessiert und viel am Radio gehangen. Besonders eingeprägt hat sich mir der Moment, als ich die Urteilsverkündigung für Hermann Göring und Konsorten in dem typisch amerikanischen Tonfall hörte: »Death by hanging«. Das Buch von Peter de Mendelssohn *Die Nürnberger Dokumente* habe ich verschlungen, als ich es endlich in die Hände bekam, nachdem ich in den Buchhandlungen lange danach gefahndet hatte. Bücher waren ja damals knapp. Aus späterer Zeit erinnere ich mich, daß mich die *Tagebücher* des Widerstandskämpfers Ulrich von Hassel sehr beeindruckt haben.

Fanden Sie bei Ihrer Sympathie für die Wehrmacht die Todesurteile u. a. gegen Generäle angemessen?

Die Verurteilung der Schuldigen schien mir völlig richtig zu sein. Im Zwiespalt war ich, als auch General Alfred Jodl hingerichtet wurde. Da ging es um die Wehrmacht. Im übrigen war ich damals von der allgemeinen Stimmung in Deutschland angesteckt, die sich gegen die Entnazifizierungsbestrebungen der Besatzungsmächte richtete. Im Grunde war ich tief verunsichert, wie die meisten Deutschen auch. Erst während der frühen fünfziger Jahre habe ich zu einer klaren Einstellung gefunden.

In der Bevölkerung hat der Prozeß der Erkenntnis auch ungeheuer lang gedauert.

Da kann ich eine Erfahrung aus dem Jahr 1965 schildern. Der Freiburger Studentenpfarrer Böttcher wollte mit seiner Studentengemeinde eine Freizeit auf dem Schauinsland zum Thema »Zwanzig Jahre Kriegsende, eine Bilanz« organisieren. Da keiner von den Neuhistorikern bereit war, mit den Studenten zu diesem Thema zu diskutieren, verfiel er auf mich, dessen Tochter er gerade getauft hatte. Da stand ich plötzlich einer rebellischen Jugend gegenüber, die nach meinem Vortrag hauptsächlich beklagte, daß die Alliierten Dresden bombardiert und die Russen unsere Mütter vergewaltigt hätten. Kaum einer war bereit, die deutschen Großverbrechen anzuerkennen und selbstkritisch nach dem »Verlust an Sinn und Namen« zu fragen, den wir erlitten hatten. 1965!

Sie haben in Hamburg das Abitur abgelegt und sich dann wieder in die Sowjetische Besatzungszone begeben. Warum sind Sie in die Stadt zurückgegangen, aus der Sie drei Jahre zuvor geflohen waren?

Ich war unter den besten zwölf Abiturienten in Hamburg. Dafür hatte ich mich ins Zeug gelegt, weil man als einer der Jahrgangsbesten ein Stipendium bekommen konnte.

Nach der Anstrengung in der Schule wollte ich ein halbes Jahr bei meiner Mutter verbringen. Sie war nach Rostock zurückgekehrt, weil sie im Westen kein Bein an Deck kriegte. In Rostock waren noch Freunde, Möbel, Bücher. Ich hatte Sehnsucht nach ihr. Nebenbei wollte ich ein bißchen studieren – Fächer, die mir Spaß machten.

Sie haben sich an der Universität Rostock immatrikuliert. Wie kam es zu der Entscheidung für die Alte Geschichte?

Es war keine Entscheidung. Im Abitur hatte ich sowohl in Chemie und Physik wie in Geschichte und Deutsch eine Eins bekommen. Eigentlich wollte ich Naturwissenschaftler werden. Dafür wäre ich besser an eine westliche Universität, Göttingen zum Beispiel, gegangen. Ich hatte zugleich überlegt, Geschichte und Slawistik in Hamburg zu studieren. Meine Frage war, wie entstanden, wie wirkten totalitäre Regime, dafür hätte ich das Russische gebraucht. Aber das Sommersemester wollte ich verbummeln und in dies und das hineinhorchen, in Germanistik, Psychologie und Geschichte etwa. Da nach der Währungsreform keine Aussicht auf ein Studium im Westen mehr bestand, habe ich dann in Rostock intensiver studiert, vor allem Geschichte. Zur Alten Geschichte kam ich, weil der Lehrstuhlinhaber für Neuere Geschichte von den Russen abgesetzt worden war. Der Mediävist war gut, lag mir aber nicht. Beim Althistoriker Ernst Hohl habe ich ernsthaft zu studieren begonnen und wurde schon im 2. Semester ins Oberseminar aufgenommen. Später hat es sich ähnlich in Heidelberg ergeben.

Aber Sie haben es nicht lange dort ausgehalten. Was waren die Gründe für Ihre zweite Flucht aus Rostock?

Dazu müßten Sie die Volkspolizei fragen, die mich verhaften wollte. Ich bin ihr aber entwischt. 1950 machten sich die Bestrebungen der SED immer deutlicher bemerkbar, die Universitäten ideologisch unter Kontrolle zu bringen. Auf dem Schwarzen Brett des Kulturbundes in unserer

Universität habe ich einige kritische Bemerkungen gemacht, die den sowjetischen Universitätsoffizier veranlaßten einzuschreiten. So bin ich wahrscheinlich das erste Mal aufgefallen. Es kam dann noch einiges hinzu, im Grunde Harmlosigkeiten. Im Frühsommer 1950 gab es eine Verhaftungswelle an den ostdeutschen Universitäten. Man fing meist bei einem an, von dem man annahm, daß er viel wußte. Man konnte dann im Laufe der Nacht eventuell weitere verhaften, wenn der bereit war zu plaudern. Eines Nachts gegen Mitternacht in einer schönen Sommernacht saß ich zu Hause an meinem Schreibtisch, als ein Auto vorfuhr und vor unserem Haus anhielt. Es war absolut ungewöhnlich, daß dort überhaupt ein Auto fuhr und dann noch um diese Zeit. Wir wohnten hochparterre in einem Reihenhaus, und der Garten hinter dem Haus ging auf die Grünanlage hin, die an die Stelle des alten Rostocker Stadtwalls getreten war. Hätte man die Rückseite unseres Hauses überwachen wollen, hätte man etwa 15 Minuten Fußweg zurücklegen müssen. Das hatte man nicht getan. Ich löschte geschwind die Lampe, worauf ich eine Stimme hörte: »Scheiße, jetzt hat er das Licht ausgemacht.« Dann turnte jemand auf unseren Balkon hoch und versuchte, von dort in die Wohnung zu kommen. Die Tür war aber glücklicherweise verschlossen. Ich tastete mich im Dunkeln zum Hinterausgang und sah zu, daß ich wegkam.

Wohin wendet man sich mitten in der Nacht auf der Flucht vor der Volkspolizei?

Ich habe zunächst eine Freundin aufgesucht, mit der ich ein Zeichen verabredet hatte. Den Rest der Nacht habe ich mich in der Stadt herumgetrieben. Ich hatte immer Angst, daß Hunde auf meine Spur gesetzt würden, und war erst erleichtert, als ich ein Stück mit der Straßenbahn fahren konnte. Ein paar Tage später bin ich mit Hilfe von Freunden, die die Flucht für mich organisiert hatten, nach einer abenteuerlichen Bahnfahrt in West-Berlin angekommen. Übrigens, eine Woche später sind mehrere Kommilitonen verhaftet worden. Sie kamen ins Arbeitslager nach Sibirien, sind 1955 durch Adenauer mitsamt den letzten Kriegsgefangenen befreit worden.

Sie wollten Ihr Studium an der Freien Universität fortsetzen?

An sich ja. Aber der Heidelberger Orientalist, den ich damals kennenlernte, riet mir dringend, nach Heidelberg zu gehen. Dort könne man mir auch finanziell helfen. Dann, wie gesagt, wiederholte sich die Rostocker Situation: Der Althistoriker war großartig, die anderen haben mich nicht angezogen. Hans Schaefer war ein faszinierender Wissenschaftler. Auch spielte die Zeitgeschichte bei ihm eine wichtige Rolle.

Ein Gemeinwesen zerstört sich selbst

Caesars Bürgerkrieg

Wie ist es möglich, daß eine Ordnung untergeht, welche alle an ihr Beteiligten für die rechte halten? Genauer: daß sie von den Beteiligten selbst zerstört wird, nämlich ohne irgendeine mächtige Einwirkung von außen? Daß sie zerstört wird, ohne daß einer sie hätte angreifen wollen, vernichtet, ohne daß einer sie verneint hätte?

Nur durch unbeabsichtigte Nebenfolgen des Handelns kann eine solche Wirkung erreicht werden. Was immer die Beteiligten tun: Irgendwelche Impulse müssen von diesen Handlungen eingehen in den größeren Zusammenhang des Prozesses, den sie alle nicht wollen, der aber dennoch aus ihrem Handeln entstanden sein muß, da nichts sonst ihn verursacht haben kann. Dies alles hängt ganz von den Konstellationen ab, in denen Handlungen sich vollziehen.

Menschen tun an sich wohl immer das gleiche, indem sie etwa ihr Leben zu sichern und zu genießen, ihre Pflichten und Interessen wahrzunehmen, ihre Möglichkeiten auszuschöpfen trachten, indem sie verwalten, Politik machen, Gegner bekämpfen und sich auszuzeichnen versuchen. Wenn aber die Römer der späten Republik dies taten, wie es vor ihnen die der klassischen getan hatten, trieben sie den Prozeß der Auflösung ihrer Ordnung voran, während jene damit ihre Ordnung nur bewahrt hatten. Denn inzwischen waren die Konstellationen verändert.

Man beobachtet zum Beispiel, um mit dem Einfachsten zu beginnen, verschiedene circuli vitiosi, genauer gesagt: vitiöse Spiralen, denn die Bewegung steigerte sich. Aus der

Ausbeutung der Provinzen zum Beispiel resultierte mannigfache Korruption. Diese bildete auf verschiedene Weise einen Ansporn einerseits zu weiterer Ausbeutung, andererseits zu Bestrebungen, sie einzudämmen: Einrichtung von Gerichten, Verschärfung von Strafen. Die jedoch hatten ihrerseits die Wirkung, daß die Ausbeutung gesteigert wurde.

Denn nun mußten auch noch die Richter bestochen werden. Es veränderten sich die Preise. Wer etwa gewählt werden wollte, hatte zunehmend mehr aufzuwenden. An sich ging es ihm nur um die Wahl, um die Laufbahn, die ihm nahezu vorgeschrieben war. Aber davon wurde als Nebenwirkung ein Beitrag zur zunehmenden Korrumpierung, zu wachsenden Erwartungen und steigender Ausbeutung abgezweigt. Der Prozeß verlief freilich nicht geradlinig, im Jahr 52 etwa besserten sich die Sitten wieder.

Wachsende Korruption muß auch, wie die Weltgeschichte zeigt, nicht tödlich sein für ein politisches System. Doch in Rom fügte sie sich ein in einen weiteren Zusammenhang. Da wurde zum Beispiel innerhalb der Oligarchie die zunehmende Korruption dadurch virulent, daß sie sich mit der Lust des Volkes an immer großartigeren Theaterbauten und Spielen verband und daß aus der bis dahin vorherrschenden Solidarität des Adels zunehmend der Ehrgeiz einzelner Männer und Geschlechter freigesetzt wurde. Da keiner auch nur den Ansatzpunkt zu einer Machtposition gewinnen sollte, die ihn über die grundlegende oligarchische Gleichheit hinausgehoben hätte, wurden fast alle Regungen besonderer Eigenart, Phantasie, Selbständigkeit, fast alle Versuche, auf neue Lagen mit neuen Mitteln zu reagieren, mit Argwohn und Verdacht verfolgt; Mittelmäßigkeit, Starrheit, Borniertheit wurde prämiert. Die Folge war einerseits vielfältiges Versagen, andererseits, daß immer wieder ein Mann einzuspringen hatte, der anders war, nämlich Pompeius, und daß der einen ungewöhnlichen Aufstieg nahm, weil sonst keiner unkonventionell zu handeln, besonders auch mit den neuen Berufsarmeen umzugehen wußte.

Aber die Dialektik zwischen dem Gros des Senats und Einzelnen, die sich ihm außenseiterhaft entgegenstellten, war älter. Sie hatte sich seit den Gracchen immer wieder eingestellt. Zugrunde lag ihr die Tatsache, daß in Rom politische Aufgaben anstanden, die mächtiger waren, als daß sie innerhalb der hergebrachten senatorischen Solidarität hätten erledigt werden können.

Dahinter stand die Unmöglichkeit, der Menge und Schwere derjenigen Probleme, die Rom aus seiner Weltherrschaft direkt oder indirekt erwuchsen, noch mit den institutionellen, geistigen und moralischen Mitteln eines »Gemeindestaats« zu begegnen. Letztlich war es der Widerspruch zwischen gemeindestaatlichen Formen und Weltherrschaft, an dem Rom damals zerbrach. Schon Montesquieu hat das gesehen. Der Sittenverfall, auf den die Römer ihren Niedergang zurückführten, und die Unfähigkeit, so viele Mißstände unter Kontrolle zu bringen, hatten hier ihre wirkliche Ursache.

Die eigentliche Schwungkraft – und zugleich den zentralen Schauplatz – fand der republikanische Niedergang wider Willen in den Auseinandersetzungen zwischen Pompeius und dem Senat während der späten sechziger und der fünfziger Jahre. An deren Anfang standen die Forderungen, die Pompeius auf Grund der Erledigung der Seeräuberplage wie der Schwierigkeiten mit Mithridates zu stellen hatte. Ihm ging es um die Aufgabe. Dem Senat aber war die Macht ausschlaggebend, die Pompeius dabei gewinnen mußte, die Furcht, er könnte sich in die oligarchische Gleichheit nicht mehr einfügen. Er setzte daher das Veto und die Senatsautorität gegen ihn ein, und das Ergebnis war, daß der

Schaden für die Republik erst recht groß wurde. Jetzt wurden nämlich zum einen auch ihre Institutionen zerschunden, und zum anderen mußte Pompeius versuchen, mehr zu erreichen als eine allgemein anerkannte Vorzugsstellung. Indem er dann aber eine eigenständige Position gegen den Senat aufbaute, ergab sich eine dauerhafte Parteiung zwischen ihm und den dort maßgebenden Kreisen. Der Senat stand also in Hinsicht auf den wichtigsten politischen Gegensatz dieser Jahre nicht mehr, wie bis dahin fast immer, über den Parteien. Damit fehlte Rom die Instanz, die letztlich entweder ausgleichend wirken oder ihren Willen durchsetzen konnte. Der Senat erlitt statt dessen stets neue Niederlagen, bis Pompeius schließlich dazu kam, die Anarchie zu fördern, um sich ihm aufzuzwingen. Der Zusammenhang innerhalb eines Prozesses nimmt ja nicht nur Nebenfolgen von Handlungen in Anspruch, sondern er erzeugt auch »Folge-Handlungen«, »Anschluß-Handlungen«.

Indem also der Senat, genauer: die in ihm Maßgebenden die Republik verteidigten, brachten sie Pompeius überhaupt erst dazu, sie anzugreifen. Als sie schließlich im Jahre 52 bereit waren, sich mit ihm zu arrangieren, war ein neuer, wesentlich tieferer Gegensatz unausweichlich.

Damit wird die eigentliche Motorik des Niedergangsprozesses durchsichtig. Sie besteht darin, daß auf Grund der Verteidigung der Republik bestimmte Gegensätze solche Intensität und solchen Umfang annahmen, daß ihr Austrag die Ordnung der Republik tief in Mitleidenschaft zog. Die verschiedenen Kräfte waren derart in ein Mißverhältnis geraten, daß sie jenen Prozeß antrieben.

Es war wohl selten, wenn nicht einzigartig in der Weltgeschichte, daß ein solches Geschehen derart imposant ablief wie in der römischen Republik. Statt zwischen geriet deren Ordnung unter die Parteien, statt zum Thema wurde sie zum Objekt der Auseinandersetzungen. Es gab keine

Konflikte um die Ordnung, sondern um den Preis der Ordnung.

Es fehlte die Alternative zum Bestehenden, das heißt der Zusammenschluß der Benachteiligten, Notleidenden, potentiellen Empörer zu einer geistigen und politischen Gegenkraft. Es fehlte am Aufkommen neuer Gedanken über Roms Regierung, zu schweigen davon, daß sich solche Gedanken mit vielerlei Interessen zu einer gerichteten Bestrebung auf etwas Neues hin verknüpft hätten. Statt dessen herrschte, was die Ordnung betraf, Zufriedenheit aller auch nur potentiell Mächtigen und Machtlosigkeit aller Unzufriedenen. Und die Zufriedenheit jener war nicht zuletzt dadurch bedingt, daß sie sich zur Not gegen den Senat durchsetzen konnten. Gerade dessen Schwäche machte ihnen sein Regime beliebt. Es gab noch nicht einmal die Möglichkeit, den intellektuellen Abstand zur bestehenden Ordnung zu gewinnen, der diese als eine Möglichkeit neben anderen hätte erscheinen lassen können.

Wenn aber die überkommene Ordnung die rechte war, so mußten die führenden Senatoren sich auch mit aller Kraft dafür einsetzen, daß sie bestehen blieb oder wiederhergestellt wurde. Die Senatsmehrheit mochte zur Resignation neigen. Und man kann von heute her sagen, daß dies das beste Mittel war, um die Republik zu erhalten. Solange es ging. Jeder Versuch, das Senatsregime strenger zu handhaben, hat jedenfalls immer nur schlafende Kräfte geweckt und alles am Ende schlimmer werden lassen, als es vorher gewesen war. Nur konnten die Zeitgenossen das beim besten Willen nicht wissen. Sie hätten sonst an ihrer Ordnung verzweifeln müssen. Je unzulänglicher also die alten Institutionen arbeiteten, um so sicherer hielten sie an ihnen fest.

Die Gesellschaft wurde in der überkommenen Freiheit mit ihren Problemen nicht mehr fertig, sie wollte auf ihre Freiheit aber nicht verzichten. Darin bestand letztlich die

Krise ohne Alternative. Da aber eine Alternative zum Bestehenden nicht möglich war, mußte dieses an sich selbst – im Kampf um seine Verteidigung – zugrunde gehen: Nicht weil einer es hätte vernichten wollen und auch nicht obwohl, sondern geradezu: indem alle es erhalten wollten, rieben sie es auf. Nur Caesar bildete dabei vielleicht eine Ausnahme; was seine Absicht angeht.

Caesar verlagerte die Widersprüchlichkeit der damaligen römischen Welt zwischen sich und den Senat. Er nahm ganz einseitig auf der Seite der Leistung, gegen die des Respekts und der Disziplin Stellung. Zugleich hatte er jene bestechende Klarheit des Urteils, die intelligenten Außenseitern eigen sein kann. Politische Intelligenz ist ja – abgesehen von ihren taktisch-instrumentellen Seiten – wesentlich positionsgebunden. Wie es sich etwa aus der Mitte einer Gruppe und bei vorgegebenen, eingeführten Axiomen leichter urteilt, als wenn man der ganzen Komplexität politischer Möglichkeiten ausgesetzt ist, so hat auch das Urteil von außen seine speziellen Erleichterungen: Man kann vieles besser durchschauen. Aber die Klarheit, die damit entsteht, hat, indem sie besticht, etwas Täuschendes. Das Durchschauen wird allzu leicht zum Hindurchschauen – und damit zu einer anderen Art der Wirklichkeitsverfehlung.

So hatte Caesar keinen Sinn für politische Institutionen und deren kompliziertes Spiel. Das ganze System war ja auch vielfach gestört und wenig effizient. Spätestens seit seinem Consulatsjahr sah Caesar dann in den Institutionen Roms überhaupt keine eigenständigen Größen mehr. Er maß sie an hohen Ansprüchen, denen sie nicht genügen konnten. So blieb ihm nur übrig, sie als bloße Instrumente im Spiel der Kräfte zu betrachten. Durch all das, was die römische Gesellschaft noch glaubte, lebte, werthielt und verteidigte, das insofern noch objektiv war, ging sein Blick kalt hindurch. Er empfand nicht die Recht und Sicherheit gewährleistende Kraft der Institutionen, sondern nur, was ihm daran nützlich oder lästig war.

So nahm er am Senat vor allem wahr, daß seine Gegner ihn beherrschten. Daß er die Verantwortung für das Gemeinwesen hatte, scheint Caesar kaum gesehen zu haben. Alles war für ihn ein Spiel zwischen Personen. Die Kategorien, nach denen er urteilte, waren Bündnis und Anhängerschaft, Gegnerschaft oder Neutralität. Der Platz war gleichsam leergeräumt von allem Überpersönlichen. Oder wenn etwas davon da war, so waren es Requisiten, hinter denen man Deckung suchte, mit denen man fechten konnte. Die Politik war nur mehr der Kampf um sein Recht. Von daher sah Caesar die Positionen bestimmt. Von daher bekamen sogar Senat und Bürgerschaft ihre Rolle zugeteilt: als diejenigen, die ihm sein Recht gewähren mußten – und gewährt hätten, wenn nicht die Gegner sie mit List und Gewalt davon abgehalten hätten. Er konnte es sich nicht anders vorstellen, als daß seine außerordentlichen Verdienste um Rom, sein Anspruch auf Ehre (Dignitas) unter normalen Umständen die ihnen gebührende Anerkennung gefunden hätten. Wären Senat und Volksversammlung frei, so hätte er nichts zu befürchten. »Sich und das römische Volk«, so sagte er folglich, wollte er »von der Herrschaft jener kleinen Clique (seiner Gegner) befreien«.

Wer die Dinge so sah, lebte nicht mehr in der gleichen Wirklichkeit wie seine Gesellschaft. Daß er sich aber daraus abgesondert und eine eigene Teil-Wirklichkeit aufgebaut hatte, war nicht pathologisch, oder wenn es das war, so war es Teil einer Krankheit, die das ganze Gemeinwesen erfaßt hatte.

Das ergibt sich schon daraus, daß auch die Gegner nur noch in einer Teilwirklichkeit lebten. Sie handelten zwar in der Konsequenz alter, allgemein anerkannter Überzeugungen, aber die Voraussetzungen – die vorausgesetzte

Ambiance – dieser Überzeugungen war nicht mehr gegeben. Folglich waren sie ihrerseits einseitig, indem sie ihre Verantwortung absolut setzten. Sie handelten so sehr entsprechend der überkommenen Ordnung wie dawider. Denn Roms Ordnung hatte zwar vorgesehen, daß der Senat das oberste Organ der Republik war, aber niemals hatte sie vorgesehen, daß man, um dessen Regime zu sichern, Unmögliches oder äußerst Riskantes wagen sollte. Diese Ordnung hatte im Gegenteil wesentlich in der Realität geruht, ihre Tüchtigkeit hatte vom Realitätssinn ihrer Verfechter abgehangen.

Es löste sich damals jene fruchtbare Spannung, die die römische Republik von Anfang an bestimmt hatte. Das alte archaische Adelsstreben nach Ehre und Ruhm war dort nie gebrochen oder aufgehoben, es war nur durch eine kräftige Solidarität auf das Gemeinwesen bezogen worden. Und Roms Aristokratie hatte es in höchst beachtlicher Weise fertiggebracht, das Gewicht des Standes gegen den Ehrgeiz der Einzelnen stark zur Geltung zu bringen. Sobald dieses Gewicht aber nachließ, gewann das Dignitas-Streben wieder an Autonomie und Macht, zumal bei den Außenseitern. Sulla und Catilina bieten Beispiele dafür. Auch bei Sulla war die Wahrung der ihm auf Grund seiner Leistung zukommenden Ehre schon ein wesentlicher Grund zum Bürgerkrieg, wenn auch nicht der einzige.

Der römische Adlige war nie Objekt, sondern immer nur Teilhaber der Republik gewesen. Mangels einer Alternative, die unter anderen Umständen eine Sache hätte liefern können, blieb also einem willensstarken, kraftvollen Außenseiter wie Caesar nichts anderes übrig, als den alten Anspruch auf Dignitas zu übersteigern und zu pervertieren. Das war nicht nur eine Sache seiner Person, sondern auch die der widersprüchlichen Natur des damaligen Rom, die die Bedingungen setzte, unter denen er sich ausbildete und eine eigene Welt sich schaffen konnte. Was er tat, hatte er zu verantworten. Aber was er war, reichte über die persönliche Verantwortung hinaus. Der Widerspruch, in den er und seine Welt zur Republik gerieten, hatte etwas Tragisches.

Die Ungeheuerlichkeit des Entschlusses zum Bürgerkrieg wird dadurch nicht vermindert; doch wird sie verständlicher. Wenn sie aber nicht pathologisch ist, so muß sie ein Ausdruck der Größe von Caesars Persönlichkeit sein. In seiner ganzen Laufbahn und zumal in diesem Beschluß bezeugen sich nicht nur ganz außerordentliche Leistungsfähigkeit und Ethos, sondern eine Durchhaltekraft, Unerschütterlichkeit und ein derartiges persönliches Volumen, daß man, wenn irgend, hier mit dem Begriff der Größe etwas Wesentliches trifft. Nur darf man dabei nicht übersehen, daß in der Größe, wie in allen oder vielleicht gar mehr als in allen anderen menschlichen Dingen, Ambivalenz steckt. Bewunderns- und Verabscheuenswertes mischen sich in ihr. Seel hat das sehr schön ausgedrückt: »Was er war, ist nicht mehr als das, was ein Mensch sein kann, aber dies war er nicht nur mit Erfolg und Wirkung besonderer Art, sondern zugleich mit einer Spannweite und Fallhöhe, mit einem Ductus von Art und Stil, der ihn heraushebt aus der amorphen Pluralität und Anonymität des Gewesenen.« Er läßt es dahingestellt ob man das »Größe« nennen kann, fügt nur hinzu: »›Erhebend‹ ist es jedenfalls nicht, aber es hat dafür sehr viel humane Valenz, und so wird es instruktiv und lehrreich wie nicht vieles sonst aus dem Bereich der Weltgeschichte.« Ich finde, daß man gerade wegen der Ambivalenz von Größe sprechen soll. Man soll sie nicht leugnen, aber man darf sie auch nicht einfach für gut und heilsam halten.

In der Feststellung solcher Eigenschaften wird immer verallgemeinert. Irgendein Übergewicht an Großem wird für Größe gehalten. Da wirkt sich gleichsam jene Gravitation aus, die so oft Wahrnehmung bestimmt, indem sie, sei es dieser, sei es jener Seite – etwa dem Alten oder dem Neuen, der Jugend oder dem Alter, dem Guten oder dem Bösen – den Zuschlag der Verallgemeinerung verleiht. Nur, geschieht Ähnliches nicht auch im tatsächlichen Wechselspiel zwischen der Persönlichkeit und ihrer Umgebung? Ganz konkret also in dem, welches zwischen Caesar, seinen Offizieren und Soldaten sowie den Unterworfenen in Gallien stattfand und in dem das Überragende am Feldherrn und Soldatenführer dann als überragend schlechthin erschien – ohne daß das freilich mit einem Begriff, der unserer »Größe« entsprochen hätte, zu bezeichnen gewesen wäre. Entsprechendes hat sich später während der Siege im Bürgerkrieg in weiteren Kreisen eingestellt, wobei die einen mehr das Glänzende, die anderen mehr das Schreckliche wahrnahmen. Alle trafen sie sich aber in der Feststellung des Außerordentlichen und der ungeheuren persönlichen Kapazität, die sie so auf Caesar projizierten, wie er sie an sich selbst erlebt und bestärkt haben muß.

Hingegen ist nicht zu beobachten, daß Caesar der Geschäftsführer irgendeiner höheren Instanz wie des Weltgeistes gewesen wäre. Er war auch, mindestens bis zur Eröffnung des Bürgerkriegs, nicht Herr des Geschehens, sondern ein Teil davon. Er war sogar ganz besonders befangen im Prozeß wechselseitiger Vereinseitigung, der sich durch ihn hindurch vollzog und zu dem seine Biographie und die so außerordentliche Ausbildung seiner Persönlichkeit ganz wesentlich hinzugehörten.

Man kann höchstens mit Jacob Burckhardt feststellen: »Die großen Männer sind zu unserem Leben notwendig, damit die weltgeschichtliche Bewegung sich periodisch und ruckweise freimache von bloßen abgestorbenen Lebensformen und von reflektierendem Geschwätz.«

Aber ob Caesar von seiner Zeit insofern eine Ausnahme machte, als er die überkommene Republik nicht erhalten wollte, ist deswegen noch nicht gesagt. Es könnte sehr wohl sein, daß auch er nichts Besseres wußte, als sie zu erhalten, nur daß das in der Ökonomie seiner Absichten hintangestanden hätte. Denn es war ja nicht ganz zufällig, daß schließlich die Alternative Caesar oder die Republik hieß.

Die Wissenschaft des Historikers und die Verantwortung des Zeitgenossen

3. Gespräch

In Ihrem Aufsatz zeigen Sie, daß in der Endphase der römischen Republik Mitte des 1. Jahrhunderts v. Chr. die Zeichen nicht mehr auf Reform, sondern auf einer grundsätzlichen Veränderung der Verhältnisse standen. Wie würden Sie die Zeitstimmung der Römer charakterisieren?

Den Untergang der Republik wollte eigentlich keiner, aber trotzdem haben alle ihn herbeigeführt, in einem quasi autonom ablaufenden Prozeß. Ob die Politiker versuchten, die alte Ordnung zu erhalten oder zu reformieren, ob sie den Schlendrian mitmachten oder bekämpften, ob sie die Probleme übersahen oder sie zu bewältigen versuchten – immer trieben sie die Krise weiter voran. Als Caesar dann auftrat, hat er für keine Sache gestanden, sondern nur für sich selber. Er hat zwar vieles ins Werk gesetzt, das Gemeinwesen aber nicht neu fundieren können. Er hat kein Programm gehabt, wie etwas zu reformieren oder revolutionieren wäre. Er hat nichts aufgebaut, nur etwas, was ziemlich kaputt war, ganz kaputtgemacht.

Gibt es Parallelen zwischen modernen Parteien und denen in der römischen Republik?

In Rom gab es kein Parlament und keine Parteien. Bei dem normalen Kleinkram, der jeweils zur Debatte stand, gruppierte man sich von Fall zu Fall neu. Denn die Senatoren, zumeist aus altem Adel, unterhielten eine große Zahl von verpflichtenden erblichen Bindungen zu Einzelnen, kleinen Gruppen, Städten im römischen Herrschaftsbereich. Entsprechend fanden sich dann bald diese, bald jene in immer neuen Konstellationen zusammen. Da ließen sich, über Einzelfälle hinaus, keine Faktionen bilden. Anders war es, wenn jemand Neuerungen einführen wollte, die die Mehrheit betrafen. Dann fand sich die Senatsmehrheit zusammen und leistete Widerstand. Es fragte sich weiterhin, ob er genügend Anhänger vereinen konnte, um sich durchzusetzen. Ich habe Jahre darauf verwendet, um das genau herauszufinden. Viele Zigarrenkisten wurden mit Zetteln gefüllt. Da ergab sich einerseits ein Unterschied etwa zu den florentinischen Parteiungen zwischen den Guelfen und Ghibellinen, andererseits zu den englischen Parteien des 18. Jahrhunderts oder denen des 19. und 20. Jahrhunderts, die u. U. geradezu auf eine Revolution zutrieben. Wo sich Alternativen zum Bestehenden in den politischen Gruppierungen herausbilden konnten. Ebendas war in Rom unmöglich. Da ergab sich dann eine tiefe Kluft zwischen Mutabilität und Kontroversität. Vieles veränderte sich, aber weniges war strittig. Man bekam die Dinge nicht zu fassen.

Sicherlich wäre es vermessen, Parallelen zwischen der Gegenwart und der Antike zu ziehen. Trotzdem: Geht Ihnen manchmal der Gedanke durch den Kopf: Beim Krieg Rußlands gegen die Ukraine läuft alles ähnlich ab wie bei Caesars Einfall in Gallien?

Eine unmittelbare Parallele sehe ich nicht. Im Altertum und Mittelalter gab es keine Nationen. Caesar führte Krieg aus persönlichen Ambitionen, ohne jede historische, schon gar nationale Begründung. Er erfand einen Kriegsgrund, irgendeine Unbotmäßigkeit oder Wortbrüchigkeit der Feinde, um losschlagen zu können. Da bestehen viele Unterschiede. Der Rückgriff auf die Antike ist in diesem Fall nur hilfreich, um die Andersartigkeit der Konstellation verständlich zu machen.

Hat die Frage nach großen Männern und Frauen für Sie immer noch einen heuristischen Wert?

Ich würde sagen, ja. Es ist ja manchmal faszinierend zu sehen, was ein Einzelner an Gefolgschaft hinter sich bringt und bewirken kann. Man muß die Figur natürlich in ihrer Zeit verorten, in diesem Fall in einer bestimmten Entwicklungsphase der römischen Republik.

Hatte der Erfolg Ihres Caesar-Buches nur mit Alter Geschichte zu tun oder auch mit einem Publikum, das ein Gefühl der Ohnmacht in politischen Konstellationen teilte? Auf welchen Zeitgeist traf das Buch?

Es gab damals eine gewisse Ratlosigkeit, aus den politischen Handlungsoptionen (Nachrüstungsdebatte) die richtigen Schlüsse zu ziehen: eine Krise ohne Alternative im Kleinen. Ich habe ja beschrieben, wie Caesar »Macht in den Verhältnissen«, aber keine »Macht über die Verhältnisse« gehabt hat. Manches lag auch an der Sache selbst, wie sie mir erschien, an der Entwicklung des historiographischen Stils. Zum Erfolg des Buches hat wesentlich der Verleger Wolf Jobst Siedler beigetragen, der Michael Stürmer und durch ihn Helmut Kohl angestiftet hat, das Buch zu besprechen (in *Das Parlament*). Stürmer selbst schrieb eine große Rezension in der *FAZ*, Golo Mann im *Spiegel*.

Da sind Sie aber von Ihren Rezensenten her ins konservative Fahrwasser geraten.

Fest und Siedler kannten sich aus der Zeit, als Fest im Propyläen-Verlag seine Hitler-Biographie schrieb und als sich beide für den Rüstungsminister Albert Speer interessierten. (Es war ein Skandal, wie sie dem auf den Leim gegangen sind.) Zusammen mit dem Erlanger Historiker Michael Stürmer hat die beiden die Frage umgetrieben, wie man das deutsche Geistesleben aus den Fängen von Jürgen Habermas und seinem Gefolge lösen könne. Sie wollten eine Gegenmacht aufbauen, zu der auch Karl Dietrich Bracher und ich gehören sollten. Das hat mich nicht überzeugt. Wenn man sich den Historikerstreit auf diese Konstellation hin anschaut, stand da auch die Frage im Raum: Soll Deutschland eine mehr rechte oder mehr linke Kultur haben?

Ich möchte noch einmal auf Ihre Biographie, speziell auf Ihre Universitätslaufbahn, zurückkommen. In welchen Kreis sind Sie nach Ihrer Flucht aus Rostock in Heidelberg geraten?

Zu den Doktoranden von Schaefer gehörten Leute wie Hans Buchheim, der später am Institut für Zeitgeschichte gearbeitet hat, dann als Politologe nach Mainz ging. Ein anderer beschäftigte sich nebenbei mit der Heeresgruppe Mitte im Rußlandfeldzug. Ein weiterer Mitdoktorand, Peter Sattler, hat über Augustus und den Senat promoviert, wobei es ihm darum zu tun war, den normalerweise hochverehrten Kaiser kritisch zu sehen, irgendwie im Vergleich mit Hitler. Einer der Mitdoktoranden trat in den diplomatischen Dienst ein. Ich will damit sagen, daß sich Schaefers Seminar durch lebhaftes Interesse gegenüber Gegenwartsfragen und anderen Disziplinen ausgezeichnet hat. Wir haben alle auch regelmäßig die *FAZ* gelesen. Man durfte abends im Seminar bleiben, so lange man wollte. Das führte zu vielen intensiven Debatten, manchmal bis Mitternacht, speziell über aktuelle Politik.

Hat man den Geist Karl Jaspers' an der Universität noch gespürt?

Ich jedenfalls nicht. Jaspers war 1948 an die Universität Basel gewechselt. Die Heidelberger waren wütend darüber, daß er seine Studenten im Stich gelassen habe, und wünschten ihm, daß er in Basel auf einer Bananenschale ausrutsche. Sein Buch *Die Schuldfrage*, das ich in meiner Studentenzeit gelesen hatte, hat mich sehr beeindruckt.

Wie kamen Sie zu Ihrem Promotionsthema?

Ich wollte den Untergang entweder der römischen Republik oder der attischen Demokratie bearbeiten. Dahinter stand die Frage nach dem Geschick der Weimarer Republik. Hans Schaefer, statt mich zurechtzuweisen und zu sagen:

Wie kommen Sie als junger Student dazu, solche enorm schwierigen Themen in Betracht zu ziehen, kam nur ins Grübeln, ob ich besser das römische oder das griechische Thema nehmen sollte. Er entschied sich für Rom.

In der Studienberatung scheint Schaefer nicht besonders talentiert gewesen zu sein.

Tatsächlich bin ich an dem großen Thema gescheitert. Ich mußte neu anfangen. Nach Beratung mit meinen Mitdoktoranden habe ich schließlich Guicciardini und Machiavelli gelesen und mir die Analyse römischer Innenpolitik zwischen 63 und 56 v. Chr. vorgenommen. Damit bin ich dann promoviert worden. Aber die Sache bohrte in mir, so daß ich noch einmal sechs Jahre Arbeit hineingesteckt und am Ende *Res Publica Amissa – Eine Studie zu Verfassung und Geschichte der späten römischen Republik* daraus gemacht habe, meine Habilitationsschrift.

Was waren Ihre beruflichen Pläne nach der Promotion?

Auf meine berufliche Zukunft habe ich nie viel Gedanken verschwendet. Ich habe Glück gehabt, weil sich mir immer wieder Türen öffneten, durch die ich hindurchgehen konnte. Zunächst war mir nicht klar, was ich werden wollte. Vielleicht Journalist? Vorsichtshalber, um meine Familie, das heißt meine Frau und einen kleinen Sohn, zu ernähren, bewarb ich mich bei der Heidelberger Straßenbahn als Hilfsschaffner und erhielt sogar schon die Uniform ausgehändigt. Da wurde ich als »Meier 9« angesprochen, weil es so viele Meiers gab. Dann jedoch bekam ich das Angebot einer Hilfsassistenten- und anschließend einer vollen Assistentenstelle. So bin ich verführt worden, auf der althistorischen Schiene zu bleiben.

Bedeutet Ihr baldiger Wechsel nach Frankfurt/M., daß Sie mit Schaefer doch nicht glücklich geworden sind?

Wie gesagt, Schaefer war ein faszinierender Lehrer. Persönlich war er aber auch schwierig, letztlich unsicher, mißtrauisch. Ein väterlicher Freund hat mich dann an Hermann Strasburger in Frankfurt a. M. empfohlen. Der hatte zunächst keine Stelle frei. Da paßte es gut, daß Schaefer mich zunächst beschäftigen konnte und wollte. Erst zum 1. Januar 1960 konnte ich nach Frankfurt wechseln. Das hat mir das Leben gerettet. Denn Schaefer ist 1961 mit mehreren Doktoranden bei einer Exkursion nach Zypern und in die Türkei vor Ankara mit dem Flugzeug abgestürzt. Genau genommen war es komplizierter. Ich hatte eine vorangegangene Exkursion an die Ägäis organisiert, war deswegen auch zur zweiten eingeladen worden. Aber kurz vorher wurde Schaefer hinterbracht, daß ich auf die Frage, wie es mir in Frankfurt ginge, erklärt hätte: »Sehr gut. Da wird Wissenschaft groß und Verwaltung klein geschrieben.« Die Aussage war vielleicht geistreich, stimmte aber nicht ganz. Denn Wissenschaft wurde natürlich auch in Heidelberg groß, sehr groß sogar geschrieben. Aber wie auch immer: Ich wurde ausgeladen und überlebte.

Ihre Habilitation in Frankfurt ging glatt über die Bühne?

Nicht ganz. Denn ich hatte mich mit dem zweiten Althistoriker, Konrad Kraft, überworfen. Er kam ins Institut, als der erste, Strasburger, ein Freisemester in der Schweiz verbrachte, wollte gleich vieles verändern. Und er fand, ein Assistent sei ein Adjutant und habe seine 48-Stunden-Woche im Institut abzusitzen. Als ich dagegen protestierte und um Urlaub ohne Bezüge bat (meine Frau verdiente damals gut), erwiderte er: Wie sieht das aus – ich komme neu ins Institut, und der Assistent bittet um Beurlaubung? Dabei begannen seine Hände zu zittern. Und das hat mich wohl zu der frechen Antwort animiert: Ach, in Deutschland hat der Ordinarius doch immer recht. Wir haben uns schließlich ausgesöhnt. Aber er hat die Habilitation um ein Semester verzögert und dann dagegen gestimmt. Als einziger. Es gab auch keine Enthaltung. Übrigens noch eine Kleinigkeit: Als

Habilitand mußte man bei jedem Ordinarius der Fakultät einen Besuch machen. Das wurde zu meiner Zeit zwar nicht mehr so streng gehandhabt, aber ich bin u.a. zu Adorno gegangen. Nachdem wir eine Weile Konversation betrieben hatten, wünschte er mir zum Abschied viel Glück. Ich sagte, »Danke, das kann ich gebrauchen, denn der eine der beiden Althistoriker, Konrad Kraft, ist gegen mich.« »Was?« rief er aus, »dann setzen Sie sich noch mal!« Er war selber mit Kraft im Streit. Schließlich fragte er mich, ob ich Max Webers Kapitel über die Stadt gelesen hätte. Als ich bejahte, sagte er: Ich werde Ihnen im Kolloquium eine Frage zu Max Weber stellen und werde für Sie kämpfen wie ein Löwe. Das scheint aber gar nicht nötig gewesen zu sein.

Im Jahr 1966 haben Sie dann Ihre erste Professur in Basel angetreten und dort 1968 Ihre Antrittsvorlesung über »Die Wissenschaft des Historikers und die Verantwortung des Zeitgenossen« gehalten – statt etwa über ein Thema aus Ihrem Fach. Was waren Ihre Beweggründe?

Das ist eine interessante Frage. Mitte der 1960er Jahre gab es – zumindest in aufgeschlossenen Studentenkreisen etwa in Heidelberg oder Freiberg – einen Vorlauf zu 68. Neue Fragen kamen auf, Studenten entwickelten dazu eine gewisse Leidenschaft. Ich habe das genossen, oft nach Seminaren mit ihnen zusammengesessen. Zudem beschäftigten sich verschiedene Theater mit dem Problem der Verantwortung. Dürrenmatts *Besuch der alten Dame*, seine *Physiker*, Siegfried Lenz' *Zeit der Schuldlosen*, Max Frischs *Biedermann und die Brandstifter* oder *Andorra*. Meine Frau hat einen Vortrag über »Das Problem der Verantwortung in der deutschsprachigen Literatur der Gegenwart« gehalten. Und außerdem, ich könnte nicht mehr sagen, wie wir darauf kamen, haben wir viel »kakanische« Literatur gelesen, Robert Musil vor allem, aber auch Hugo von Hofmannsthal, Joseph Roth, Karl Kraus, Jaroslav Hašek.

Kraus' Bemerkung vom Dezember 1914 über die Zeit, »in der eben das geschieht, was man sich nicht vorstellen konnte, und in der *geschehen* muß, was man sich nicht mehr *vorstellen* kann, und könnte man es, es geschähe nicht«, hat mich umgetrieben. Kurz, ich habe mich gefragt, ob nicht auch Historiker eine gesellschaftliche Verantwortung hätten.

Später in Köln gerieten Sie mitten hinein in die Studentenbewegung.

Köln war nicht Berlin, Heidelberg oder Marburg/L. Das Wintersemester ist vom Karneval geprägt, und das Sommersemester ist kurz. Insofern bin ich dort einer gemäßigten Variante der Rebellion begegnet, und das war nicht schlecht. Jedenfalls habe ich es genossen, auf eine Reihe sehr guter Studenten zu stoßen. Sie kamen z. T. vom humanistischen Gymnasium und meinten, um Karl Marx richtig zu verstehen, müßten sie eben Geschichte, auch Alte Geschichte studieren. Freilich grauste mir manchmal vor ihnen, wenn sie (freilich eine Seltenheit) totalitäre Neigungen an den Tag legten. Fakultätssitzungen wurden zum Teil gesprengt. Sobald man hörte, daß sich die Studenten vor der Tür versammelten, gab es Kollegen, die als erstes die auf dem Tisch ausliegenden Zigarren und Zigaretten – so was gab es damals noch – in Sicherheit brachten.

Warum sind Sie aber so bald wieder nach Basel zurückgegangen?

Die Lage in Basel hatte sich verändert. Schon in der letzten Phase meiner ersten Basler Zeit hatte ich einen kleinen Kreis von Studenten um mich versammelt, der sehr interessiert war. Außerdem liebte ich die Stadt. Schließlich gab es ein politisches Motiv. Die Willfährigkeit mancher Politiker vor den Studenten machte mich – nach allem, womit man in diesem Land doch wohl zu rechnen hatte – unsicher. Wolfgang Abendroth brachte es einmal auf die Formel »Wenn man mal emigrieren muß, ist man schon da.«

Wie haben Sie nach der intensiven Beschäftigung mit der römischen Geschichte einen ähnlich tiefen und breiten Zugang zur griechischen Geschichte und insbesondere zur Tragödie gefunden?

Es gab da verschiedene Anstöße. Ich war beim Lexikon *Geschichtliche Grundbegriffe* engagiert und hatte bestimmte Artikel abzufassen. Dann schlug mir ein Verlag ein Buch über »politisches Denken« vor, das natürlich mit Solon beginnen mußte, aber nie fertig geworden ist. Ein weiterer Anstoß kam vom Arbeitskreis »Poetik und Hermeneutik«, was mich zu Arbeiten über Historiographie veranlaßt hat. Bei Vorlesungen Ende der sechziger Jahre über politisches Denken bin ich auf die Orestie des Aischylos gekommen, was Jahre später u.a. in mein Buch *Die politische Kunst der griechischen Tragödie* (1988) mündete. Und im Hintergrund – nicht zuletzt auf Grund von Anregungen aus französischer Geschichtswissenschaft – stand die Frage nach der Mentalität, nach der besonderen Weise, wie die Griechen sie ausgeprägt haben.

Aber Sie haben doch schon 1980 das Buch Die Entstehung des Politischen bei den Griechen *bei Suhrkamp herausgebracht, in dem Aischylos eine große Rolle spielt.*

Ja, aber nur seine Orestie. Der Band selbst geht auf Siegfried Unseld zurück, den ich auf einem Fest aus Anlaß des 70. Geburtstages von Dolf Sternberger im Juli 1977 persönlich kennengelernt habe. Er fand, wir müßten miteinander reden. Da haben wir vereinbart, daß ich ihn am Bußtag dieses Jahres in Frankfurt besuchen sollte. Meine Söhne hatten mir gesagt, »Du brauchst für die Autofahrt nicht viel Zeit einzukalkulieren, denn an diesem Tag spielt die deutsche Fußballnationalmannschaft gegen die Schweiz, und da hocken alle vor dem Fernseher.« Unseld empfing mich in seiner Villa im Trainingsanzug und sagte zur Begrüßung: »Kommen Sie rein, kommen Sie rein, das Spiel hat gerade angefangen.« Seine Frau hatte Tee und Plätzchen bereitgestellt. Ihr war das Verhalten ihres Mannes offensichtlich ein wenig peinlich. Ich habe natürlich gesagt: Ich schaue mir das Spiel gerne mit an – obwohl mich Fußball eigentlich nicht interessiert. Als der Reporter das Spiel der Schweizer etwas abfällig kommentierte, sagte Unseld: »Jetzt sitzt Max Frisch in Zürich da und ärgert sich.« Ich erwiderte: »Der wird das Spiel doch wohl im Schweizer Fernsehen anschauen.« »Nein«, meinte Unseld nach einigem Zögern, »Frisch ist Masochist und guckt wahrscheinlich extra das deutsche Programm.« Als das Spiel zu Ende war, holte er ein Blatt Papier und sagte: »Ich will wieder ein Buch mit Ihnen machen.« Das wurde *Die Entstehung des Politischen bei den Griechen* mit einem zentralen Kapitel über die Orestie, an dem ich lange gearbeitet habe.

In Ihrer Basler Antrittsvorlesung verlangen Sie, daß der Historiker ein Verhältnis zur Dichtung suchen sollte. Warum? Weil Sie die Dichtung als historische Quelle nutzbar machen wollen?

Das natürlich. Ohne Homer, Hesiod, Solon und andere hätte man für die archaische Zeit gar nichts zu schreiben gehabt. Aber ich hatte auch die Idee, daß man, anknüpfend an Schöne Literatur auch die Perspektive derjenigen, die Geschichte auszuhalten haben, einnehmen müßte – wie sich das an Hašeks Roman *Die Abenteuer des braven Soldaten Schwejk* zeigen ließe, in dem die Welt des kleinen Mannes, der an der Front steht und schießen soll oder schwer verwundet wird, plötzlich so anschaulich wird. Ich habe die Einbeziehung der Schönen Literatur in die Historiographie zum Programm gemacht, aber ich habe sie nicht verwirklicht. Das brachte in der Alten Geschichte so gut wie nichts – aus Mangel an Quellen.

Geht es in Ihrem Buch Die politische Kunst der griechischen Tragödie *(1988/2022), in dem Sie die Dramen von*

Aischylos, Sophokles und Euripides analysieren, nicht auch darum, die Konflikte einer bestimmten Epoche herauszuarbeiten?

Das ist richtig. Je länger, je mehr frage ich mich, was alles die Athener jenseits der aktuellen Tageskontroversen umgetrieben haben muß – worauf dann etwa die *Orestie*, die *Antigone* oder die *Iphigenie* in gewissem Sinne Bezug nehmen.

Sollten Historiker selber Künstler sein, zumindest die Kunst der Darstellung so gut beherrschen wie etwa Jacob Burckhardt?

Burckhardt war schon ein starkes Vorbild für mich – keineswegs nur unter dem Aspekt des Stils, sondern auch im Hinblick auf seine großen Erkenntnisse zur griechischen Kulturgeschichte. An manchen Stellen bräuchte man eigentlich nur den Burckhardt abzuschreiben, finde ich, und schon hätte man – heute noch! – das Wichtigste gebracht. Innerhalb der Alten Geschichte ist er viel zu wenig rezipiert worden. Eine Ausnahme war Hermann Strasburger, bei dem ich mich habilitiert habe. Mit Theodor Mommsen habe ich weniger anfangen können. Bei der Lektüre seiner *Römischen Geschichte* fühlte ich mich doch sehr ins 19. Jahrhundert zurückversetzt.

Sie wurden als Historiker auch in die Deutsche Akademie für Sprache und Dichtung aufgenommen, was ziemlich ungewöhnlich war. Was hat Ihnen die Mitgliedschaft in der Darmstädter Akademie bedeutet?

Als im Jahr 1992 das Telegramm eintraf mit der Nachricht, daß ich zum Mitglied gewählt worden sei – Telegramme gab es damals noch –, war ich sehr erfreut. Ich habe an den Tagungen regelmäßig teilgenommen, insbesondere die Exkursionen an verschiedene Orte geschätzt (Lübeck, Jena, Leipzig, Dresden, Turin usw.) und den einen oder anderen kennengelernt, der mir viel bedeutet hat: Lea Ritter-Santini, Peter von Matt, Peter Gülke, um nur drei zu nennen. Die

Sitzungen der Akademie fand ich weniger interessant, aber die anschließenden Gespräche bei Wein und Elsässer Flammkuchen schon.

Wie kam es zu Ihrer Wahl als Präsident dieser Akademie?

Herbert Heckmann war 14 Jahre lang Präsident, so lange wie niemand vor ihm, und im Jahr 1996 wünschten viele Mitglieder einen Wechsel im Amt. Da ist man irgendwie auf mich gekommen, vielleicht aus praktischen Gründen. Die Sache war dann schwieriger, als ich gedacht hatte. Auffällig war, daß manche prominenten Mitglieder wie Günter Grass und Hans Magnus Enzensberger gar nicht erst auf den Versammlungen erschienen. Wenn zu bestimmten Themen referiert wurde, kamen die Beiträge meist von Nicht-Mitgliedern. Diskussionen waren selten ergiebig. Diese Akademie erwies sich nicht als »Ort der geistigen Repräsentation der Deutschen«, als die sie 1949 gegründet worden war. Als sie 50 Jahre alt wurde, bekam man all diese Malaisen von der Presse vorgehalten. Nun schlafen sie weiter, hieß es im Fernsehen. Ich war die ganzen sechs Jahre meiner Präsidentschaft sehr unbefriedigt.

Haben Sie denn nichts dagegen unternommen?

Zu Beginn meiner Amtszeit habe ich einen Vortrag über die »Herausforderungen einer Akademie in sich verändernder Zeit« gehalten. Im Anschluß daran gab es überhaupt keine Diskussion. Bei einer späteren Programmsitzung schlug jemand vor, das Gespräch über den Vortrag nachzuholen, aber auch dann kam es nicht dazu. Ich war zwar Präsident, aber auch ein Fremdkörper in diesem Verein.

Die Darmstädter Akademie hat auch zahlreiche Mitglieder aus dem Ausland.

Das ist ein großes Verdienst. Sie hat schon in der Nachkriegszeit vielen Emigranten eine Heimstatt angeboten, Thomas Mann etwa, dessen Ehrenmitgliedschaft intern allerdings sehr kontrovers diskutiert wurde. Unter den ausländischen Mitgliedern habe ich mich besonders Imre Kertész verbunden gefühlt, der 1997 den Gundolf-Preis bekommen hat. Diese Freundschaft war wirklich eine schöne Frucht dieser Jahre.

Haben Sie sich nicht im Namen der Akademie gegen die Rechtschreibreform gewehrt?

Ja, da hatte ich sogar das Gefühl, daß große Teile der Akademie hinter mir standen. Aber nach dem Ende meiner Amtszeit hat man die Rechtschreibreform für Publikationen der Akademie eingeführt. Da habe ich erklärt: Jetzt mache ich nicht mehr mit. Ohne formell ausgetreten zu sein, bin ich seither ein sehr stilles Mitglied. Es war ein Lebensabschnitt, auf den ich – von Einzelheiten abgesehen – nicht mit besonderer Freude zurückblicke. Vielleicht war ich zu anspruchsvoll, oder meine Ansprüche gingen in die falsche Richtung.

Verurteilen und Verstehen – An einem Wendepunkt deutscher Geschichtserinnerung

Ein Vortrag an der Universität Tel Aviv

Unter den drei Staaten, in die das Großdeutsche Reich zerfallen ist, ist es allein die Bundesrepublik, deren Angehörigen die Erschießung und Vergasung von mehr als sechs Millionen Juden im Zweiten Weltkrieg in größerem Ausmaß zu schaffen macht. Das hat, wie ich vermute, vor allem drei Gründe. Die Bundesrepublik trat die Rechtsnachfolge des Deutschen Reiches an; der Weg, auf dem allein sie wieder einen geachteten Platz unter den Nationen gewinnen konnte, schloß die Wiedergutmachung und manches daran anknüpfende Nachdenken ein; schließlich hat die Negation dessen, was Deutschland zwischen 1933 und 1945 war, die neu entstehende Demokratie mit begründet. Die Verantwortung, die zur Freiheit gehört und wohl gerade bei neugewonnener Freiheit besonders empfunden wird, war ohne eine Verantwortung auch für die Vergangenheit nicht denkbar. So ist die Erinnerung an die deutschen Verbrechen in die Fundamente der Bundesrepublik tief installiert.

Wenn das richtig ist, so ergäbe sich ein eher überraschender Befund: Dann ist der bundesrepublikanischen Identität eine relativ starke Geschichtserinnerung eigen; eingegangen in unser Selbstverständnis, unsere Phantasie, sich äußernd in verschiedensten Formen, in Trauer, Scham, aber auch Ratlosigkeit, Obsessionen, Fluchtversuchen, Kompensationen in Formen aber, die sich allesamt als Symptome ein und derselben Sache interpretieren lassen, einer im ganzen unbewältigten Geschichtserinnerung als Teil gemeinsamer Identität.

Eben aus der Stärke und Virulenz dieser Erinnerung ergibt sich aber zugleich die ganze Schwierigkeit unseres Verhältnisses zur Geschichte. Denn die zwölf Jahre, auf die sie sich bezieht, schneiden uns von der vorangegangenen Zeit ab, sie bilden gleichsam ein Niemandsland in unserer Geschichte. Wolf Jobst Siedler beobachtete 1964 eine betäubte Empfindungslosigkeit der Deutschen. Es erstaunte ihn die Robustheit, die einerseits nach Auschwitz vom Unrecht an Deutschland zu sprechen wagte und andererseits nach Jalta und Potsdam in der Bundesrepublik ein »unter glücklichen Umständen« wiedergeborenes Weimar fand, wie wenn da nicht auch unendlich viel zu betrauern wäre. Letztlich hat sich daran bis 1986 nichts geändert, außer daß jenes Niemandsland heute offenbar viel stärker empfunden und daß an ihm gearbeitet wird. Aber es wird nicht nur daran gearbeitet, es arbeitet vielmehr auch selbst.

Das hat wesentlich mit den Verbrechen gegen die Juden zu tun. Die anderen Völker, so schlimm sie zum Teil unter uns zu leiden hatten, stehen dahinter zurück. Und die weitere Problematik unseres Verhältnisses zu unserer Geschichte, die sich aus der Teilung Deutschlands ergibt, wird wirklich schwierig nur, weil eben in der Bundesrepublik die Jahre von 1933 bis 1945 zwischen uns und unserer Geschichte liegen. Sonst nämlich müßte die Teilung der Nation eher eine Herausforderung zur intensiven Bewußthaltung der Geschichte sein, welche unsere Gemeinsamkeit begründet. Ebendas aber ist sie hierzulande bisher nur ganz bedingt gewesen: anders als in der DDR, die sich zunehmend auf die deutsche Geschichte besinnt. Die alte Frage ist weiter offen, ob und wie wir anerkennen, was wir zwischen 1933 und 1945 angerichtet haben. Genauer gesagt geht es um die prägnante Bestimmung und das klare Bewußtsein dessen, was da geschah, sowie um das Subjekt, dem dieses Geschehen zuzurechnen ist: Waren wir das, also das deutsche Volk – oder nur unsere Eltern und Großeltern (die inzwischen tot oder an der Schwelle des Todes sind), das deutsche Bürgertum (oder eher Kleinbürgertum), »der Faschismus«, nur ein paar Verbrecher unter uns (in einer im ganzen »anständig« gebliebenen Nation), oder war es gar nur Hitler?

Die Frage, was in jenen zwölf Jahren geschah, betrifft nicht diese oder jene Häufung von Unrecht und Verbrechen, wie sie in der Weltgeschichte immer wieder einmal vorgekommen ist, auch nicht nur die Anerkennung des verbrecherischen Charakters des NS-Regimes, sondern das Einzigartige daran. Daß da ein Land, ein Volk, vertreten durch seine Regierung, sich die Entscheidung darüber anmaßt, ob ein ganzes anderes Volk (dessen Mitgliedschaft sie überdies willkürlich festsetzt) auf Erden leben darf oder nicht! Ein Volk nebenbei, das dem deutschen nie feindlich begegnet war, im Gegenteil vielfach geradezu mit Liebe. Das sich bis auf kleine Gruppen nicht einmal zur Wehr setzte, dessen Angehörige vielmehr – nach den Worten eines Zeugen – »wie Gliederpuppen in den Tod gingen«. Und dessen Vernichtung dann planmäßig als administrativer Massenmord nach Methoden, die für Ungeziefer indiziert sind, ins Werk gesetzt wurde. Dafür fehlt es an Parallelen. Das war ein völlig neuartiges Verbrechen gegen Rang und Stand der Menschheit.

Die Anerkennung dieser Einzigartigkeit der deutschen Verbrechen ist offenbar ungeheuer schwierig. Vieles kann man sagen, Fakten lassen sich letztlich einkapseln und isolieren. Um das Zugeständnis der Einzigartigkeit aber drückt man sich, wenn es irgend geht, herum. Man flüchtet sich gern in ein Aufrechnen mit Untaten, die wir erlitten. Allein durch die Tatsache, daß diese unermeßlichen Verbrechen möglich waren (und das heißt möglich sind), ist die Weltgeschichte anders geworden. Dadurch, wie überhaupt durch den Zweiten Weltkrieg, haben wir unsere Opfer, haben wir die Welt tief in unsere Geschichte hineingezogen. Daher können wir unserer gefallenen Soldaten nicht auf einem nationalen Ehrenmal gedenken, ohne zugleich denen, die wir bekämpft, geschunden und gemordet haben, ein ehrendes, schamvolles und zum Teil sogar dankbares Gedenken zu widmen.

Da nun aber seit Kriegsende 40 Jahre vergangen sind, tritt zu der alten eine neue Problematik. Die weit überwiegende Mehrheit der heute lebenden Deutschen ist an den Verbrechen der NS-Zeit nicht beteiligt gewesen. Darunter befinden sich mit wenigen Ausnahmen selbst die, deren Kinder heute mündig werden. Zudem leben wir geachtet, in einer recht stabilen Demokratie und bemühen uns nach Kräften, und wohl auch erfolgreich, ein normales Volk zu sein.

Soll also, muß also nicht endlich Schluß gemacht werden mit den Vorwürfen und »Selbstbezichtigungen« (wie es gern heißt) wegen der Jahre 1933 bis 1945? Bei aller – freilich in Hinsicht auf die Einzigartigkeit eingeschränkter – Anerkennung dessen, was damals geschah: Sollen wir uns das immer wieder sagen und sagen lassen? Und sollen wir es uns von Nationen sagen lassen, die inzwischen selber manches getan haben, was uns als Kriegsverbrechen angerechnet wurde, ohne unbedingt die Schuldigen dafür zur Rechenschaft zu ziehen? Sollen wir uns von unserer Vergangenheit Beschränkungen auferlegen lassen, so daß etwa Stücke mit starken antisemitischen Äußerungen auf unseren Theatern nicht gespielt werden dürfen? Dürfen wir nicht auch – und gerade die Jungen unter uns – »stolz sein auf unser Land«? Diese Parole brachte die SPD mit einem Bild von Willy Brandt schon 1972 in den Wahlkampf. Die Frage wird drängender, je länger es dauert. 1983 erklärte der Fraktionsvorsitzende der CDU, die Deutschen sollten endlich »aus dem Schatten Hitlers heraustreten«.

Diese neue Weise, die Dinge zu sehen, hat viel für sich. Doch wird man uns aus der Verantwortung nicht entlassen. Immer wieder wird es Anlässe geben, bei denen die Erinnerung an den Holocaust hochkommt. Immer wieder ist auch ein neues, tiefes Erschrecken Heranwachsender vor den kaum faßlichen Untaten des NS-Regimes zu gewärtigen. Was damals geschah, wird – und darf – nie, jedenfalls nicht in den Zeiträumen, an die die heute Lebenden denken können, vergessen werden. So bleibt uns die Gegenwärtigkeit der Erinnerung und des Entsetzens. Verantwortung nötigt uns, diese Geschichte als die unsere anzunehmen. Das Bewußtsein der Verbrechen aber sperrt sich dagegen.

Das lehrt die Geschichte der vielen Versuche, dieser Erinnerung zu entkommen. Zunächst in Abwehr und Leugnung, als die Sieger, die Besatzer der eigenen Regierung, dem eigenen Staat jene Untaten zusprachen. Da erstreckten sich die Zweifel am NS-Regime, die rasch um sich griffen, kaum auf dessen Untaten, eher schon auf Fehler. Und sie erstreckten sich kaum auf das, was das Gros des Volkes darin gewesen war; nicht auf den Staat, die Wehrmacht, die Nation, die Kirche, die Wirtschaft, die bürgerliche Wohlanständigkeit, die deutschen Tugenden. Für all das hatte man unsagbar vieles geopfert, das konnte so leicht nicht falsch sein. Gerade Unbeteiligte und Verfolgte des NS-Regimes, die damals vielfach politische Funktionen übernahmen, vermochten gutes Gewissen zu verbreiten.

Dann wurde alles Bisherige abzüglich dessen, was als nationalsozialistisch auszusondern war, in die neue Demokratie hineingenommen. Ein beachtlicher und wohl, wie Hermann Lübbe gezeigt hat, notwendiger Integrationsprozeß begann, in dem nicht viel gefragt wurde, was einer vor 1945 gewesen war, gedacht oder getan hatte. Rasch fand die Gesellschaft eine neue Einheit im Antikommunismus, der sich bald zum Antitotalitarismus erweiterte, womit dann

Kommunismus und NS-Regime gleichermaßen auf die Gegenseite transportiert wurden.

Die erste größere Störung der weitgehenden Verdrängung der Vergangenheit geschah um 1960, zumal angesichts von Hochhuths *Stellvertreter* und flankierenden Publikationen. Bald nach dem Eichmann-Prozeß in Jerusalem begann eine Serie von Anklagen. 1964/65 fand der Frankfurter Prozeß »gegen Mulka und andere«, der Auschwitz-Prozeß, statt, der stark in die Öffentlichkeit hineinwirkte. Damals kam es wohl zum ersten Mal zu einem größeren, breiteren Betroffensein. Gleichzeitig begann man, sich mit der nazistischen Vergangenheit von Richtern, Professoren, Wirtschaftlern und anderen zu beschäftigen.

Es folgte die studentische Aufbruchsbewegung von 1968, die in ihrer deutschen Spielart durchaus auch im Erschrecken vor dem Nationalsozialismus eine Triebkraft hatte, die sie freilich bald instrumentalisierte, um bürgerliche und deutsche Gesinnungsart, Lebensführung und Gesellschaftsordnung allgemein in Zweifel zu ziehen. Eben damit trat sie eine andere Flucht vor dieser Vergangenheit an, diesmal in den Wunsch nach einer besseren Zukunft oder in jenen moralischen Rigorismus, der dann so viel Schule machen sollte. So kam es zu der Übung, aus ungefährdeter Gegenwart heraus, die Taten der Eltern und Großeltern vom hohen Roß aus zu verurteilen. Da fand sich gleichsam jeder Soldat unter Rechtfertigungszwang, weil er überhaupt mitmarschiert war. Wenn die Totalitarismus-These die Einzigartigkeit der Verbrechen umging, indem sie das nazistische Deutschland mit der stalinistischen Sowjetunion in eins setzte, so tat es die Faschismus-These, indem sie es in der Reihe der anderen faschistischen oder gar kapitalistischen Regimes aufgehen ließ, um sich selbst auf die Gegenseite zu stellen. Eine bemerkenswerte Verharmlosung.

Insgesamt wird man festhalten können, daß es durchaus viel Trauer, Leiden und Scham im Bewußtsein des von uns zwischen 1933 und 1945 Angerichteten gegeben hat und gibt, daß aber weithin Verdrängung in der Form der Generalisierung oder der Flucht dazu verhalfen, mindestens der Einzigartigkeit der Verbrechen zu entrinnen. Ein ausgeprägteres Bewußtsein von den Untaten des Regimes diente vielfach dazu, diese irgendwelchen Gruppen zuzuweisen, denen man selbst nicht zugehörte. Wir haben uns diese Geschichte nicht wirklich zu eigen gemacht.

Die Fortsetzung dieser Verdrängungsgeschichte erleben wir heute. Nur das Vorzeichen ist neu, unter dem sie geschieht: Das ist der Versuch, die Beziehung zur eigenen Geschichte zu normalisieren. Gewiß sollten wir wieder ein bewußteres, geordneteres Verhältnis zu unserer Geschichte haben. Es müßte uns ermöglichen, diese wieder mit den Augen der Identität zu sehen. Das ist aus vielen Gründen wichtig, nicht zuletzt, weil offenbar die Realitätsbeziehung einer Gesellschaft daran hängt. Es gibt, grob geschieden, zwei Quellen für Handlungsmaßstäbe: geschichtliche Erfahrung oder Vorbild und die Forderungen einer allgemeinen, im Extremfall rigorosen Moral. Zu jeder Lebenspraxis gehört der Kompromiß. Der aber steht regelmäßig in einer Spannung zu moralischen oder gesinnungsethischen Anforderungen. Da spielt es eine große Rolle, daß man am Eigenen, das heißt an den eigenen Eltern und Großeltern Lebenspraxis lernt, keineswegs abseits der allgemeinen Moral, aber doch in einer Weise, die das Zurechtfinden erlaubt.

Wird nun die Lebenspraxis ganzer Generationen nachträglich verurteilt, wie das seit 1968 in der Bundesrepublik weithin geschieht, so gewinnen die Anforderungen rigoroser Moral in der Politik an Boden. Und entsprechend die Enttäuschungen. Man kann das verschieden beurteilen, aber es spricht mindestens einiges dafür, daß damit ein gewisser

Realitätsverlust einhergeht, der seine politischen Konsequenzen hat.

Jede historische Besinnung sollte davon ausgehen, daß kein Versuch gemacht werden kann, zu leugnen oder auch nur in den Hintergrund zu drängen, was geschehen ist. Zum Geschichtsbewußtsein der Deutschen muß immer das Bewußtsein der Beispiellosigkeit der Verbrechen gehören, die wir in jenen zwölf Jahren begangen haben. Schon deswegen, weil es sonst unverständlich bliebe, warum von den Untaten jener Zeit nicht dasselbe gilt, was wir bei den unangenehmen Teilen der Geschichte anderer Völker beobachten, daß sie nämlich irgendwann abgelegt sind, so daß uns dann schon der Takt davon abhält, sich öffentlich daran zu erinnern.

Wir werden also zu unserer Geschichte nie wieder ein unbefangenes Verhältnis bekommen. Es nützt nichts, sondern schadet, wenn sich ein Bundeskanzler unter Hinweis auf die »Gnade der späten Geburt« wieder leicht mit der Geschichte tut, von der doch gerade Konservative ein Bewußtsein haben sollten. Die langen Diskussionen um die Frage, wie wir es mit dem 8. Mai 1985 halten wollen, aber auch die Fassbinder-Debatte sowie die um die Strafrechtsänderung (welche wieder dem Gedanken der Aufrechnung Vorschub leistete) haben nur allzu deutlich gezeigt, daß wir aus dem Schatten Hitlers noch lange nicht heraus sind. Und gerade die Geschichte um Bitburg hat deutlich gemacht, daß alles nur schlimmer wird, wenn wir einfach auf eine historische Normalität zusteuern.

Sowenig es Kollektivschuld gibt, so sehr haben wir eine Verantwortung für das, was von uns und in unserem Namen geschah, wenn anders die deutsche Geschichte die unsere sein soll. Weil dem so ist, müssen auch die Jüngeren von uns das Gedächtnis an die Untaten wachhalten. Das sind wir den Opfern schuldig. Tun wir es nicht, beginnt dort eine Schuld für uns. Und wenn wir in irgendeiner Weise die Klarheit der Verurteilung dessen, was da geschehen ist, durch Relativierungen und Ausflüchte verwischen wollten, wäre jeder Versuch, ein neues Verhältnis zu unserer Geschichte zu gewinnen, auf Sand gebaut.

Diese Klarheit ist übrigens schon deswegen notwendig, weil ein enger Zusammenhang besteht zwischen unserem Umgang mit diesem Teil unserer Geschichte und der Weise, mit der man uns in wichtigen Teilen der Welt begegnet. Wenn wir uns besser erinnern, machen wir es den anderen leichter, uns zu schonen. Wer gewisse Vorwürfe, wie sie etwa anläßlich Bitburgs in amerikanischen Medien zu vernehmen waren, bedauert, sollte sie seinerseits nicht durch das Bestreben, historische Gesundheit vorzuweisen, provozieren.

Wir sind bei dem Versuch, uns zu unserer Geschichte wieder in ein besseres Benehmen zu setzen, in gewissem Maße darauf angewiesen, daß man es uns nicht zu schwer macht. Wohl muß es uns zugemutet werden, daß wir diese Geschichte tragen. Allein, ohne daß man Unvergleichliches vergleichen wollte, darf doch wohl gesagt werden, daß es auch schwierig ist, zu den Nachfahren der Täter des Holocaust zu gehören. Daher sollte man Verständnis aufbringen für die Nöte, die wir mit unserer jüngeren Geschichte haben. Das aber wird nur geschehen, wenn wir selbst nichts schuldig bleiben. Dieser Prozeß der Verständigung insbesondere mit den nachwachsenden Generationen der Juden scheint mir außerordentlich wichtig zu sein. Gelingt er nicht, so besteht die Gefahr neuer Verhärtung, die Gefahr auch, daß zu starke Vorhaltungen Abwehrreaktionen hervorrufen, die nicht weit von Antisemitismus entfernt bleiben werden.

Man muß dabei bedenken, daß mit den Jahrzehnten seit 1945 ein tiefer Wandel der zeitlichen Perspektive auf die NS-Verbrechen stattgefunden hat. Es mag sich damit die Rigorosität manches Urteils gemindert haben. Aber zugleich hat das Geschehen jener Jahre die Tendenz, immer größer und unfaßlicher, nämlich immer mehr unter dem Möglichkeits- als unter dem Wirklichkeitsaspekt zu erscheinen. Zunächst, nach dem Krieg, als die Generationen der unmittelbar Beteiligten das öffentliche Leben bestimmten, war man in der ursprünglichen Empörung, in Anklage und Verteidigung, Betroffensein und Verdrängung der Wirklichkeit des Geschehens selbst, also der ganzen Entsetzlichkeit und Grausamkeit des Krieges und der Verfolgung noch fast unmittelbar konfrontiert. Es war den Wissenden und zumal den Hassenden klar, wie einzigartig Einsatzkommandos, Konzentrationslager und Vergasung waren, doch sehr vieles andere, was uns heute im friedlichen Europa ebenfalls ungeheuerlich erscheint, galt damals nicht als gar so ungewöhnlich.

Jetzt hingegen, aus dem Abstand von vierzig Jahren, in einer zwar insgesamt nur wenig besser gewordenen Welt, in der jedoch wenigstens in Europa Frieden und im Westen Freiheit und Recht und ein sehr geringes Maß staatlicher Ansprüche sowie wenig materielle Not herrschen, jetzt macht uns schon die Möglichkeit des damaligen Krieges, des Schießens, der Bedrohung und raschen Verurteilung von Menschen, macht uns die Möglichkeit von Totalitarismus aufs schwerste zu schaffen. Nicht nur die Untaten selbst, sondern ihr ganzes engeres und weiteres Umfeld erscheint als kaum begreiflich: das Geheimnis, das sie umgab, die exakte Befolgung der Befehle, der Diensteifer, die offene Unmenschlichkeit, vielfältigste Gewalt und Bereitschaft, sie hinzunehmen.

Zugleich wirkt sich die Perspektive der Demokratie mit ihren Ansprüchen an die Verantwortung aller stärker aus. Von daher kommt man ja dazu, an die Stelle der alten Auffassung, daß da einige befohlen und andere gehorcht haben, die Frage nach dem ganzen Volk zu setzen, das Voraussetzungen geschaffen, geduldet und mitgetan hat.

So wird es heute dringend notwendig, alles zu versuchen, um zu verstehen, was am Handeln unserer Großeltern und Eltern verstanden werden kann. Wir müssen unserer Vergangenheit nicht nur mit Verurteilen, sondern auch mit Verstehen begegnen. Wenn die Jüngeren, die Nachwachsenden einen Zugang zur Geschichte zwischen 1933 und 1945 und zur deutschen Geschichte überhaupt gewinnen sollen, so darf man nicht alles in Bausch und Bogen verdammen. Wir müssen nicht nur der Wahrheit des Geschehens näher kommen, sondern dessen Anerkennung muß auch aushaltbar sein für Generationen, die nun bald Unbeteiligte zu Großeltern haben.

Wir wissen heute oder könnten doch oder sollten wissen, daß die Beteiligung an den Untaten sich sehr weit verzweigte. Hinter den Befehlshabern und Administratoren der Mordmaschinerie sowie den KZ-Schergen standen die Polizisten, die die Opfer sammelten, die Eisenbahner, die sie brachten; vor ihnen stand die ganze deutsche Wehrmacht, die die Fronten verteidigte, hinter denen die Vernichtungsmaschinen arbeiten konnten: Soldaten, von denen viele auch zu Zeugen der Juden-Erschießungen, der Deportationen wurden, ohne dem zu wehren, ohne daraus praktische Konsequenzen zu ziehen. »Wenn das wahr ist« (was über Juden-Erschießungen erzählt wurde), sagte ein damals junger Offizier, »dann dürfen wir den Krieg nicht gewinnen.« Aber er kämpfte weiter, wie er es für seine Pflicht hielt, für sein Land, mit seinen Kameraden, die er nicht im Stich lassen wollte. Wie viele wirkten mit, um das weitere Umfeld der Verbrechen aufzubauen, das vielfache weitere Unrecht – etwa die Gefangenen-Erschießungen – und das tatenlose Zusehen geschehen zu lassen? Gewiß ein perfekter Unterdrückungsapparat, aber auch viel Bereitschaft oder wenigstens menschliche Schwächen, die ihm seine Arbeit erleichterten! Im Prozeß der gegenseitigen Bestärkungen im Unrecht mochten Lehrer wie Eltern, Anhänger wie Gegner des Regimes und mochten sehr wohl auch kleine Pimpfe, die 1945 nicht älter waren als der heutige Bundeskanzler, etwas beitragen, denn auch das Absingen blutrünstiger antisemitischer Lieder auf offener Straße, wie es damals nicht selten war, ging in das Geschehen ein. Insofern waren es also durchaus die Deutschen (und deutsche Juden darunter und noch zahlreiche Nichtdeutsche dazu), die das Regime am Laufen hielten und direkt oder indirekt an seinen Verbrechen beteiligt waren.

Weil dem aber so war, war der Charakter des Regimes im ganzen und derjenige derer, die in ihm lebten, zweierlei. Das Handeln der Mehrheit der Deutschen jener Zeit, die sich nicht der Mitwirkung an Verbrechen schuldig gemacht haben, ist nicht nur innerhalb des Ganzen zu sehen, dessen Teil es war und zu dem es beigetragen hat, vielmehr in den Dimensionen, in denen solch eine Mehrheit überhaupt nur handeln und denken kann und vor allem im Rahmen ihrer Zeit.

Sie konnten zwar von vornherein allerhand Unrecht am NS-Regime ausmachen, aber deswegen doch nicht schon wissen, zu welch riesigen, einmaligen Verbrechen ihr Land unterwegs war. Hätte man ihnen den Holocaust vorausgesagt, hätten sie ihn kaum für möglich halten können. Und das nicht nur, weil sie zumeist unpolitisch und mit besonderem Respekt vor dem Staat erzogen waren.

Viele waren mitgerissen von den Erfolgen, viele verführt von der Faszination des Regimes; auf dem Hintergrund der großen Arbeits-, der Hoffnungslosigkeit der Jahre zuvor. Wer gerade im rechten Alter dazu war, versuchte seinen Aufstieg zu machen, seine Chancen wahrzunehmen. Gewiß mochte das mit Konzessionen, mit Anpassungen, mit einigem Beiseitesehen verbunden sein; freiwillig, aber auch unter Druck oder in der von den meisten geteilten Meinung, daß man gegen das Regime wehrlos sei. Da gibt es gewiß nachträglich einiges zu fragen; vielerlei Schwächen und Schäbigkeiten, auch unnütze Beflissenheiten, um den Anschluß nicht zu verpassen, sind zu kritisieren oder zu verurteilen; nicht immer auch (obzwar oft genug) die Unterlassung von Hilfe im Einzelfall. Und doch: Berechtigt uns dies schon, das damalige Verhalten der meisten Deutschen immer abgesehen von denen, die sich Vergehen oder Verbrechen zuschulden kommen ließen, als ungewöhnlich zu betrachten?

Harmlose Äußerungen konnten tödliche Konsequenzen haben, der Zorn auf Eltern oder Kollegen schon zur Denunziation geraten, wenn man ihm in der falschen Umgebung nur wenig freien Lauf ließ. Die Grenzen zwischen Erlaubtem und Verwerflichem waren angesichts der möglichen Konsequenzen oft kaum erkennbar, dies und jenes mochte sich dicht ineinanderschieben. Ehrgeiz, Eifer, Wichtigtuerei in einem so sehr auf Ordentlichkeit und Pflichterfüllung ausgerichteten Volk waren stärksten Versuchungen ausgesetzt, die überkommenen Maßstäbe auf die Situationen gar nicht eingerichtet. Äußerste Anforderungen also an Vernunft, Selbstbeherrschung, Entsagung, an die Fähigkeit zu unabhängigem Urteil, wenn man sich da stets bewähren, wenn man unter Umständen bösen Konsequenzen aus dem Wege gehen wollte.

Daß die Deutschen dann im Krieg ihre Aufgaben pünktlich, korrekt und tüchtig erfüllten, tapfer waren, ihr Leben aufs Spiel setzten, wird man ihnen im einzelnen kaum vorhalten können. Wie sollten sie, aufs Ganze gesehen, um des Regimes willen ihr Land im Stich lassen? Sie haben auch darin zumeist nicht anders – vermutlich auch nicht schlechter – gehandelt als ihre Gegner. Nur daß wohl die

Zahl derer, die zu offensichtlich unrechten Taten kommandierten oder sich kommandieren ließen, auf deutscher Seite viel größer war als in anderen Armeen. Und daß vom Regime, insbesondere von seiner Rassenlehre her, nicht nur die großen Verbrechen, sondern auch zahlreiche kleinere Unrechtmäßigkeiten und Schikanen nahegelegt wurden, da die ethischen Normen erschüttert oder stark relativiert waren.

Überblickt man, was die dann immer noch sehr große Zahl derer, die sich an großen oder kleinen Verbrechen nicht beteiligten, in ihrem Bereich taten und ließen, wird man immer wieder finden, daß sie am Geschehen im damaligen Deutschland auf eine Weise beteiligt waren, die man ihnen kaum vorwerfen kann, die sehr oft gar Respekt verdient (in den Grenzen, in denen sie sich bewegten) und die doch der Situation völlig unangemessen war und in der Summe zu Verbrechen unvorstellbaren Ausmaßes beitrug.

Ebendarin aber lag das von heute her so schwer Begreifliche, der Punkt, an dem die Älteren nach heutigem Verständnis versagten: daß das normale Handeln in den Situationen, in denen einzelne zu handeln pflegen, in einen großen Zusammenhang eingespannt war, den sie kaum recht wahrnahmen, schon gar nicht überblicken konnten und an dem sich so leicht nichts ändern ließ. Totalitäre Regime zeichnen sich ja dadurch aus, daß sie Handlungen und Absichten in einem geradezu unwahrscheinlichen Ausmaß in Anspruch, in Dienst nehmen können, unabhängig davon, ob sie sie erzeugen.

Man kann sich dem wohl nur entziehen, indem man sich bewußt auf die Gegenseite stellt, mindestens Sand ins Getriebe streut, statt tüchtig zu sein, möglichst aber Sabotage oder Widerstand leistet. Und selbst dann ist es schwierig abzumessen, ob man nicht durch die dabei notwendigen flankierenden Anpassungen zum Regime mehr beiträgt, als man ihm durch Widerstand schaden kann. Wie aber will man ein solch gefährliches Verhalten für die Mehrheit verbindlich machen?

Angesichts der Tatsache, daß in solchem Regime korrektes, vielleicht gar vorbildliches Handeln in begrenzten Bezirken als völlig unangemessen und hilflos erscheint, sobald man den Gesichtspunkt der öffentlichen Verantwortung für das Geschehen, zu dem es beiträgt, einbringt, wird zugleich deutlich, was für außerordentlich hohe Ansprüche ein solches Urteil stellt. Wann muß ein Lokomotivführer sich ernsthaft fragen lassen, welche Fracht er da eigentlich transportiert habe und warum? Wann ein Soldat, was für einem Regime er diente? Wann kann der eine wie der andere schuldig werden, indem er tut, was mehr oder weniger alle zu tun bereit waren und in allen Ländern? Wann bekommt und verdient ein Dirigent Vorhaltungen, indem er seine Kunst wundervoll ausübt, damit vielen Hörern in dunkler Zeit Freude bereitet – aber auch einem Unrechtsregime kulturellen Glanz leiht? Wann wird einer ganzen Generation nachträglich zugemutet, sie hätte ihre beruflichen Chancen nicht wahrnehmen dürfen, da sie dadurch oft notwendig in enge Berührung mit den Herrschenden kommen mußte?

Was eigentlich hätten wir Heutigen in solcher Lage getan? Nur wenn wir wüßten, daß wir es besser gemacht hätten, unter damaligen Verhältnissen und mit dem Wissensstand der Zeit, könnten wir die meisten der damaligen Deutschen, immer abgesehen von denen, die Vergehen und Verbrechen begingen, verurteilen. Vermutlich also brauchen wir uns unserer Eltern und Großeltern zumeist nicht zu schämen. Wir werden sie uns allerdings nur in relativ wenigen Fällen zum Vorbild nehmen können. Wir haben auch allen Anlaß, uns vorzunehmen, es besser zu machen; zumal wir heute wissen können, was ein totalitäres Regime ist und wie es entsteht. Doch gibt es keinen Grund, daß wir uns in unserer so viel glücklicheren Lage als Pharisäer aufspielen.

Die Mehrheit der Eltern und Großeltern zu verstehen, nicht zu verurteilen, aber auch die Verantwortung des Landes für seine beispiellosen Verbrechen bewußt zu halten; zu sein wie die anderen, je jünger wir sind, um so mehr, und doch auch Nachfahren der Täter des Holocaust – wie soll das möglich sein? Wir werden noch sehr viel Arbeit damit haben. Und die Aufgabe ist nicht an die Wissenschaft zu delegieren. Wir werden neue Kategorien nicht nur des Verstandes, sondern auch des Herzens brauchen. Vielleicht muß das Geschehen im großen und im kleinen und im Verhältnis von diesem zu jenem vor allem erzählt werden – in einer Weise etwa, wie Wassilij Grossman es in seinem *Leben und Schicksal* für die Sowjetunion zur Zeit von Stalingrad tat. Aber wenn wir es mit diesem Geschehen nicht aufnehmen, wenn wir meinen, damit einfach Schluß machen zu können, so wird es uns nur schlimmer heimsuchen und seine Streiche spielen. Und dann werden wir auch die Festigkeit nicht gewinnen, welche wir manchen Zumutungen gegenüber durchaus haben sollten.

Erinnern, Verdrängen, Vergessen

4. Gespräch

Ihre Rede »Verurteilen und verstehen« nimmt Themen vorweg, die den Historikerstreit bestimmt haben, der aber erst anschließend mit einem Artikel von Jürgen Habermas in der Wochenzeitung Die Zeit *richtig entbrannt ist: Es ging um die Singularität der Verbrechen des Nationalsozialismus, die Forderung eines Schlußstrichs unter die belastende Vergangenheit, die Frage nach der Kollektivschuld, die Art des deutschen Geschichtsbewußtseins usw. Kein Wunder, daß sich ein Armin Mohler sofort in einem Leserbrief an die* FAZ *gegen Ihre Thesen verwahrt hat. Wie blicken Sie heute auf den damaligen Streitgegenstand?*

Wie ich schon im letzten Gespräch sagte, ging es in dem Streit untergründig auch um eine Richtungsentscheidung über das intellektuelle Klima der Bundesrepublik. In der Sache hat man sich gegenseitig gar nicht richtig wahrgenommen, sondern gleich aufeinander eingeschlagen, z.T. maßlos und unverständlich. Viele Freundschaften sind zerbrochen. So war ich z.B. mit Thomas Nipperdey verbunden und bin Patenonkel seiner jüngsten Tochter. Als ich am 8. Oktober 1986 die Eröffnungsrede zum Historikertag in Trier zu halten hatte, fand ich, ich müsse bei dieser Gelegenheit Stellung zum Streitgegenstand nehmen. Gleichzeitig habe ich mich überreden lassen, die Rede im *Rheinischen Merkur* abdrucken zu lassen. Sie wurde allen Teilnehmern als Sonderdruck geschenkweise angeboten. Das haben mir manche übelgenommen, weil ich als Vorsitzender nicht das Recht hätte, selbst Position zu beziehen.

Daß die Verbrechen der Nationalsozialisten einzigartig waren – der vordergründige Streitpunkt –, hat eigentlich niemand bestritten.

Dissens mit Nolte gab es in der Frage des kausalen Nexus zwischen bolschewistischen und nationalsozialistischen Verbrechen. Dadurch sollte Deutschland ein wenig entlastet werden. Das hat übrigens auch Joachim Fest interessiert, der seinerseits keinerlei Sympathien für den Nationalsozialismus gehabt hatte, aber die Deutschen nicht allzu sehr belastet sehen wollte.

Daß Sie sich, teils notgedrungen, weil Sie Vorsitzender des Historikerverbandes waren, teils wohl aus innerem Antrieb, am Historikerstreit beteiligt haben, wirkt heute wie die Verwirklichung einer Haltung, die Sie in Ihrer Basler Antrittsvorlesung mit dem Titel Die Wissenschaft des Historikers und die Verantwortung des Zeitgenossen *beschrieben haben. Was mich an Ihrer Rede vor einem israelischen Publikum überrascht hat, ist, daß Sie gerade dort den Versuch gemacht haben, »zu verstehen, was am Handeln unserer Großeltern und Eltern verstanden werden kann«. Wie ist diese Forderung nach einer differenzierten Wahrnehmung der Täterbiographien in den Ohren der Verfolgten angekommen?*

Ich meinte, man solle der deutschen Gesellschaft nicht nur vorhalten, was sie (oder ihre Vorfahren) getan hatten, sondern sie in ihrer Lage soweit wie möglich verstehen. Nach Amerika hatte ich keine hinreichende Beziehung, nach Tel Aviv aber eine althistorische Vortragseinladung. Dort bot sich mir die Gelegenheit, auch darüber zu sprechen. Der Hörsaal mußte zweimal gewechselt werden, um die Menge der Zuhörer aufzunehmen, obwohl ich den Vortrag auf Deutsch halten wollte. Israel hatte damals den südlichen Libanon besetzt und dort eine sogenannte »Sicherheitszone« eingerichtet. Meine Gastgeberin, Shulamit Volkov, sagte in der Diskussion, vor kurzem noch hätte sie meine

Ausführungen nicht so leicht verstanden, aber jetzt, nachdem Fehler und Übergriffe der eigenen Armee im Libanonkrieg offenbar geworden seien, wären die Voraussetzungen andere. Der Vortrag wurde sehr gut aufgenommen.

Besonders eingeleuchtet hat mir Ihr Gedanke, daß es zwei Quellen für Handlungsmaßstäbe gäbe: geschichtliche Erfahrung oder Vorbild einerseits und die Forderungen einer allgemeinen, im Extremfall rigorosen Moral andererseits. Erscheint es Ihnen gerade deshalb, weil die Studentenbewegung mangels persönlichen Vorbildern moralisch besonders rigoros geurteilt hat, wichtig, die damaligen Eltern und Großeltern vor einem pauschalen Schuldspruch zu schützen?

»Vor einem pauschalen Schuldspruch zu schützen« ist zu viel gesagt. Aber ihre Lage soweit wie möglich verständlich zu machen war mein Ziel: Wie schliddert man da hinein, wie verhält man sich freiwillig-unfreiwillig? Was ist der deutschen Gesellschaft im einzelnen vorzuwerfen? Was haben uns auch die Franzosen mit dem Vertrag von Versailles eingebrockt? 1968 haben die jungen Leute es von ihren Eltern und Großeltern genau wissen wollen, wie sie sich dazu gestellt haben. Es war auch, nicht nur, ein reinigendes Gewitter.

Wie sind Ihre Beziehungen zu Israel zustande gekommen?

Über die *Res Publica Amissa.* Ein israelischer Kollege fand das Buch so klug, daß er zu seinem Assistenten gesagt hat, das könne nur ein Jude geschrieben haben. Als der Assistent einwandte, der Autor hieße aber Christian mit Vornamen, fand er, das könne auch eine geniale Täuschung sein. Im Dezember 1971 habe ich den Kollegen, Zvi Yavetz, kennengelernt. Er stammte aus Czernowitz und sprach ein sehr gutes, altmodisches Deutsch. Die Mutter hatte darauf gesehen, daß er gut Deutsch lernte, deutsche Bücher las. Als wir in Streit über den Wortlaut eines Grillparzer-Gedichts gerieten, hatte er recht. Seine Mutter war im Ghetto gestorben. Er selber war mit Freunden per Schiff über die Donau und dann das Schwarze Meer geflohen, zur Tarnung deutsche Lieder singend: Eine Seefahrt, die ist lustig ... 25 Jahre lang hatte Yavetz Deutschland nicht betreten aus Furcht, irgendwelchen Tätern zu begegnen, meinte aber, jetzt müsse er es tun. Es müßten andere herangewachsen sein, mit denen er Verbindung aufnehmen wollte. Übrigens hatte er Wert darauf gelegt, daß in Tel Aviv deutsche Geschichte gelehrt wurde. Ich habe ihn also mit meinem Citroën 2CV vom Hotel in Godesberg abgeholt. Anschließend haben wir neun Stunden lang bis Mitternacht geredet. Daraus hat sich eine Freundschaft entwickelt. Ich war zunächst alle zwei Jahre in Tel Aviv, und er ist immer wieder nach Köln oder München gekommen. Yavetz hat sich auch in England und in Princeton für mein Buch eingesetzt. Aber dort fand man mein Deutsch zu schwierig. So kommt es, daß in englischen Publikationen die *Res Publica Amissa* im Literaturverzeichnis selten vorkommt, gelegentlich sogar nur eine Rezension zitiert wird, in der der Rezensent bekennt, daß er in meinem Buch vieles nicht verstanden habe.

Sie haben in Tel Aviv auch als Vorsitzender des deutschen Historikerverbands gesprochen. Unter welchen Umständen wurden Sie 1980 gewählt?

Als man mich fragte, ob ich bereit sei zu kandidieren, wandte ich ein, daß ich gar nicht Mitglied des Historikerverbandes sei. Ich habe weitere Bedenken angemeldet: »Die Althistoriker würden mich nicht wählen«, worauf ich zur Antwort bekam: »Das spielt keine Rolle, die Neuhistoriker werden es tun.« 1984 bin ich mit großer Mehrheit wiedergewählt worden und habe mir auf diese Weise noch den Historikerstreit eingehandelt. Wichtigste Aufgabe war zunächst die Vorbereitung des Internationalen Historikertages 1985 in Stuttgart, was mir übrigens schon mit Auschwitz zu tun gab: Bringt man es bei der Eröffnung selbst zur Sprache? Wofür ich mich dann entschieden habe. Kurze Zeit später habe ich das Buch *40 Jahre nach Auschwitz* geschrieben, in dem ich aufweisen wollte, wie unsere Gesellschaft mit der Erinnerung an all die Verbrechen umgegangen ist und umgehen kann.

Was wird aus der Erinnerung an den Holocaust, wenn die jüngere Generation den Bezug zur Geschichte verliert?

Das weiß man nicht, weiß ja ohnehin nicht, was noch an die nächste Generation weiterzugeben ist und ob es gelingt, die AfD einigermaßen in Schranken zu halten. Aber ich vermute, diese Erinnerung bleibt. Ich habe aber ebenso wie Michael Wolffsohn eine Abneigung gegen den Terminus Erinnerungskultur, der von Aleida und Jan Assmann im Hinblick auf das alte Ägypten geprägt worden ist. Ich spreche lieber von Gedenkwesen.

Wie steht es um die Verantwortung Deutschlands für seine Kolonialkriege?

Auch den Völkermord an den Herero- und Nama-Völkern in Deutsch-Südwestafrika (heute Namibia) zwischen 1904 und 1908 und die Toten in Tansania wird man nicht vergessen können. Das wird uns noch zu schaffen machen.

War der 8. Mai 1945 in Ihren Augen ein Tag der Befreiung, wie Bundespräsident Richard von Weizsäcker ihn bezeichnet hat?

Auf jeden Fall. Denn wir waren das Hitlerregime endlich los. Die Frage ist, ob der 8. Mai nur das war. Bis 1985 hat nur die DDR ihn, übrigens als gesetzlichen Tag der Befreiung begangen. In der Bundesrepublik galt er eher als Tag des Zusammenbruchs, des Kriegsendes, vielleicht auch der Niederlage. Nach meinem Urteil war der 8. Mai beides: Tag der Befreiung und des Zusammenbruchs. Schließlich hatten unsere Soldaten fast sechs Jahre lang gekämpft. Nahezu jede Familie hatte Gefallene zu beklagen. Millionen von Menschen, die aus Ostpreußen, Hinterpommern, Schlesien, dem Sudetenland vertrieben wurden, Zehntausende von Frauen, die vergewaltigt worden sind, sind ja kaum am 8. Mai einfach befreit worden. Und war es die Sowjetzone überhaupt?

Haben Sie eigene Erinnerungen an den 8. Mai 1945?

Diesen bestimmten Tag habe ich nicht mehr im Gedächtnis. Im Mai 1945 waren wir auf der Flucht von Rostock gerade in Hamburg angekommen, wohnten zu viert in einem Zimmer, zwei, drei Koffer oben auf dem Kleiderschrank – das war unsere ganze Habe. Mein Vater hat meinen Bruder und mich dann zu einer Ausfallstraße Richtung Norden mitgenommen, um einen Zug von Soldaten zu beobachten. »Es wird das letzte Mal sein, daß ihr deutsche Soldaten seht.« Das hat sich mir sehr eingeprägt.

Waren die Deutschen oder waren die Nationalsozialisten schuld an den Toten des Zweiten Weltkriegs?

Das läßt sich nicht trennen. Ich ärgere mich, wenn es heißt »Am 1. September 1939 sind die Nazi-Armeen über Polen hergefallen«. Daß sie von den Nazis dazu veranlaßt waren, ist klar. Aber ich finde, man sollte das Subjekt richtig benennen: Die deutsche Wehrmacht ist in Polen einmarschiert. Die meisten Soldaten meinten: Das ist ein Krieg, wie der Erste Weltkrieg einer war. Keineswegs alle waren Nazis, obwohl es dann in den Todesanzeigen hieß: »Gefallen für Führer, Volk und Vaterland ...« Auch viele der Angehörigen wollten sich das so schmerzliche Andenken an gefallene Väter, Brüder, Söhne nicht beschmutzen lassen, indem man sie auch noch als Nazis beschimpfte.

Koselleck hat einmal gesagt, die Deutschen dürften ihre eigenen Toten nicht erinnern, aber die, die sie ermordet haben, müßten sie erinnern.

Koselleck habe ich 1956 kennengelernt. Wir waren gleichzeitig Assistenten in der Heidelberger Geschichtswissenschaft. Wir hatten bis zu seinem Tod 2006 immer wieder miteinander zu tun und haben 150 Briefe miteinander gewechselt. Mir ist aufgefallen, daß er seine Erinnerungen an den Krieg erst in seinen letzten Lebensjahren schriftlich niedergelegt hat. Ausgelöst wurde dies möglicherweise durch die Kontroverse um die Neue Wache als Zentrale Gedenkstätte der Bundesrepublik Deutschland. Da legte sich Koselleck mit Helmut Kohl an und stellte die Angemessenheit der Pietà von Käthe Kollwitz für das Mahnmal infrage. Seine Position war: Gedenken können wir, aber Erinnern ist eine höchst persönliche Sache, die ich mit niemandem teilen kann. Sie geht bis in die Gedärme, wenn man unmittelbar getroffen ist. So kannte ich Koselleck vorher gar nicht. Bis dahin hatten wir über unsere Jugend oder über die Theorie der Geschichte diskutiert. Für mich waren zumal seine begriffsgeschichtlichen Arbeiten von großer Bedeutung.

Was halten Sie davon, wenn Soldaten angeben, von der systematischen Ermordung der Juden nichts gewußt zu haben?

Koselleck, ein aufmerksamer junger Soldat und Angehöriger der 6. Armee, die durch die Ukraine Richtung Stalingrad marschiert ist, hat gesagt, er habe von dem Massenmord der SS in Babi Jar gar nichts gewußt. Später hat er sich, wenn ich es recht erinnere, anders geäußert. Auch Fritz Stern, der mit Helmut Schmidt befreundet war, hat mir mit Verzweiflung davon berichtet, daß der ehemalige Offizier Schmidt von den Judenerschießungen hinter der Front des Rußlandfeldzugs nichts erfahren haben wollte. Gleichgültig, wie sich dies verhielt: Was ist in Hinsicht auf diese Greueltaten Wissen? Man hört dies oder jenes. Man ist sich nicht unbedingt sicher, daß es stimmt, zumal es ja unglaublich klingt: 33.000 Juden ermordet! Man will die Untaten nicht den eigenen Leuten zutrauen. Da beginnt der Zweifel, sich der Sache zu bemächtigen, Wissen arbeitet ja, es kann sich zersplittern; man hat auch anderes, immer neues im Kopf, und am Schluß weiß man es nicht mehr so genau. Man verdrängt. Vielleicht sind in der ungeheuren Menge an Katastrophen zwischen 1939 und 1945 Anzeichen nicht richtig gedeutet oder verdrängt worden. Anders ist es vielleicht, wenn man in nächster Nähe dabei war, wie Axel von dem Bussche, mit dem ich sehr verbunden war. Er wurde in der Ukraine zufällig Zeuge einer Massenexekution von über dreitausend Zivilisten, überwiegend Juden. Daraufhin hat er den Entschluß gefaßt, sich für ein Attentat auf Hitler zur Verfügung zu stellen. Die Gelegenheit kam, als er Hitler eine neue Uniform vorführen sollte. Er wollte in seinem Tornister eine Bombe mitführen, um sich zusammen mit dem Führer in die Luft zu sprengen. Doch der Eisenbahnwaggon mit den Vorführuniformen wurde bei einem Luftangriff vernichtet, so daß er den Plan nicht realisieren konnte. Man kann nicht einfach sagen: Alle waren Nazis. Es gab das Spektrum von Eichmann bis von dem Bussche. Wenn Schmidt und Koselleck angeben, nichts gewußt zu haben, muß man das akzeptieren. Jedenfalls bin ich in der persönlichen Bewertung vorsichtiger als manche Historikerkollegen.

Sie haben einmal von einer deutschen »Herkunftsschwäche« gesprochen und damit gemeint, daß die Kriegsgeneration über ganze Teile ihrer Biographie zumeist schwieg. Wie beurteilen Sie den Umgang von Hans Robert Jauß mit seiner Vergangenheit als Waffen-SS-Offizier? Sie waren mit ihm befreundet. Konnten Sie mit ihm über seine Biographie sprechen?

Wir wohnten in Heidelberg in der Rottmannstraße zwei Häuser entfernt voneinander, unsere Kinder haben miteinander gespielt. Ich habe ihn über Reinhart Koselleck kennengelernt. Daß er in der Waffen-SS gewesen war, wußte ich und wußten andere auch. Er hat wohl nach dem Krieg mit gefälschten Papieren die Zulassung zum Studium an der Universität Bonn erreicht und sich später bei seinem Heidelberger Doktorvater Gerhard Hess hochgearbeitet, der dann DFG-Präsident und Gründungsrektor der Universität Konstanz wurde. Die Verdienste von Jauß um die Universität Konstanz, an die er 1965 berufen wurde, um die theoretische Grundlegung der Literaturwissenschaft und um die Arbeitsgruppe Poetik und Hermeneutik unterliegen keinem ernsthaften Zweifel. Außerdem hat er viel getan, um emigrierte Juden wieder ins Land zu holen, sie etwa zu Tagungen einzuladen. Er hatte beste Beziehungen zu Adorno, Kracauer etc. Er war Mitglied der SPD. Er konnte also auf eine tadellose Vita in der Bundesrepublik verweisen, als Mitte der 90er Jahre seine Waffen-SS-Vergangenheit zum Gegenstand öffentlicher Debatte wurde. Mir schien es damals, daß er auf die Enthüllungen falsch reagiert hätte. Ich hätte es gut gefunden, wenn er sich offen mit seiner Vergangenheit auseinandergesetzt hätte. Vielleicht scheute er das Risiko? Vielleicht hatte er sich so tief in seine Nachkriegsrolle hineingearbeitet, daß er da nicht so leicht herauskam? Vielleicht wäre, wenn es zu einer öffentlichen Erörterung gekommen wäre, doch mehr ans Licht gelangt? Man weiß bis heute ja nur, daß seine Einheit in Jugoslawien Partisanen bekämpft hat. Partisanenkampf ist immer eine üble Angelegenheit.

Daß er heute in Gefahr ist, der Damnatio memoriae zu verfallen, ist also auch ihm selber zuzuschreiben?

Vielleicht! Er starb noch während der Debatte im Jahr 1997.

In zahlreichen Friedensschlüssen zwischen verfeindeten Völkern spielt die Amnestie, das »Vergeben und Vergessen«, eine große Rolle, und Sie haben in vielen Zusammenhängen darauf hingewiesen, daß es anders auch gar nicht geht. Aber gilt das auch im Hinblick auf den Holocaust? In diesem Fall scheinen Sie eine Ausnahme machen zu wollen, denn ein Buchtitel von Ihnen bringt das Dilemma auf den Punkt: Das Gebot zu vergessen und die Unabweisbarkeit des Erinnerns.

Ich habe diese Überlegungen damals angestellt, weil mich der Umgang mit der DDR-Geschichte sehr beschäftigte. Bei allem Unrecht, Hinrichtungen, Verhaftungen, Unterdrückung, Schüssen an der Grenze – da mag irgendwann Vergessen angebracht sein. Auschwitz läßt sich nicht vergessen. Man muß sich dessen stets neu vergewissern und damit umzugehen lernen. Im Hinblick auf den Holocaust muß es eine Ausnahme für das sonst oft versuchte, eventuell gar angeordnete Vergessen geben. In der deutschen Nachkriegsgeschichte gab es mehrere Anläufe, einen Schlußstrich zu ziehen. Man hat das Problem lange unterschätzt. Konrad Adenauer war nach einem Besuch bei Ben Gurion im Januar 1966 enttäuscht davon, daß er in Israel trotz all seiner Bemühungen um Wiedergutmachung immer noch an die Verantwortung für die Verbrechen des Holocausts erinnert worden war.

Wann wäre das vergebende Vergessen angebracht?

Etwa nach Kriegen. Besonders nach Revolutionen. Selbst bei der südafrikanischen Apartheid hat man gute Wege gefunden, das Problem zu lösen.

Wir hatten geglaubt, daß Kriege in Mitteleuropa der Vergangenheit angehörten. Durch den Krieg Rußlands gegen die Ukraine sind uns Kriegshandlungen wieder näher gerückt. Wie blicken Sie, der Sie den Zweiten Weltkriegs miterlebt haben, auf die neuen Entwicklungen in Europa?

Mich beschäftigt der Krieg enorm. Ich lese jeden Satz, der sich auf ihn bezieht, in der Zeitung – jedesmal in der Hoffnung, daß sich die Sache der Ukrainer zum Besseren wendet. Die Art der Kriegführung finde ich entsetzlich: das Hinmorden offensichtlich unbeteiligter Menschen wie in Butscha, die Luftangriffe und die Zerstörung ganzer Städte wie im Fall Mariupols, die Entführung von Kindern, der Raub oder die gezielte Zerstörung ukrainischer Kultur. Daß man die Menschen in der Ukraine zermürben kann, indem man sie zwingt, ohne funktionierende Infrastruktur bei eisigen Temperaturen lange Winter zu überstehen, kann ich mir nicht vorstellen. Von den Luftangriffen im Zweiten Weltkrieg habe ich die Erinnerung, daß sie eher Trotz als den Willen zum Aufgeben erzeugen.

Das Bild, das sich Nationen von ihrer Rolle in der Geschichte machen, scheint auch heute noch stark genug zu sein, um einen Krieg gegen ein Nachbarvolk zu motivieren. Anscheinend hat die Geschichte immer noch eine große Bedeutung, wenn es um die Revision nationaler Grenzen geht.

Ich weiß nicht, ob der russischen Bevölkerung so viel an der Einheit Rußlands mit der Ukraine liegt wie Putin, der sich für den Nachfolger Peters des Großen hält. Ich zweifle, daß sie den Krieg aus nationalen Gründen unterstützt. Die Russen folgen ihm, weil sie gewohnt sind zu gehorchen, aber ob sie mit ihm in der Begründung einig sind? Von einer Kriegsbegeisterung ist kaum etwas zu spüren. Vielleicht ist der Kreis um Putin und Kyrill, den Patriarchen von Moskau, die einzige treibende Kraft, die meint, Rußland könne ohne die Vereinigung mit der Ukraine nicht leben. Vielleicht beängstigt es sie auch, daß die so lange mit Rußland zusammengebundene Ukraine in Freiheit und Demokratie zu leben vermag.

Haben wir Deutsche uns vom Ukraine-Krieg so überraschen lassen wie 1989 von der deutschen Einheit?

Wenn jemand sagt, die Auflösung der Sowjetunion sei der größte geopolitische Unfall gewesen, und dann die Krim und einige weitere Landstriche vereinnahmt, hätte man eigentlich hellhörig werden müssen. Die Ukrainer und die Polen haben zudem vor der völligen Abhängigkeit Deutschlands von den russischen Energielieferungen gewarnt. Aber nahezu keiner von uns hat die Entwicklung vorausgesehen. Wir haben alle geschlafen, und die Bundeskanzlerin war unsere Vorschläferin. Ich selber war auch abgestumpft und habe die Vorgeschichte nicht richtig gedeutet. Ich habe mir nicht vorstellen wollen, daß Putin tatsächlich in die Ukraine einmarschiert. Eine andere Frage, wenn ich das anfügen darf, ist, warum in verschiedenen Ländern die Autokratie wiederauflebt. In Ungarn, in der Türkei ohnehin, in Venezuela, selbst in den USA, so lange eine Bastion der Freiheit, könnten die Dinge darauf zulaufen.

Abbruch einer Ordnung

Es sind doch Deutsche! Ich hab's noch im Ohr, wie mir das Anfang der neunziger Jahre verschiedentlich im Ausland eingewandt wurde, wenn ich versuchte, die ganze Schwierigkeit, die mentale Schwierigkeit der deutschen Vereinigung zu beschreiben. Wenn ich hinzufügte, es sei nicht nur ein Segen, sondern auch ein Problem für die Deutschen der DDR – im Unterschied etwa zu Polen und Ungarn –, daß sie ein Westdeutschland hätten, hat mir das kaum einer geglaubt.

Das eine war klar: Die Bundesrepublik stand mit Geld, Rat, Hilfe jeder Art bereit – und hat sie auch eingesetzt. Das andere trat demgegenüber in den Schatten. Schien nicht viel zu bedeuten. Was ist schon Mentalität – verglichen mit Wirtschaft, politischem und administrativem Handeln, Organisation und Recht. In Wirklichkeit nahm im Labor der Vereinigung ein Riesenexperiment mit 16 Millionen Menschen seinen Anfang, das noch nicht zu Ende ist. Ein Integrationsprozeß, für den ich keine Parallele wüßte.

Die mentale Problematik der Vereinigung ergab sich nicht nur daraus, daß sich die Deutschen während der vierzig Jahre der Teilung auseinandergelebt hatten. Unter dem Gesichtspunkt der Nation gehörten sie zusammen, unter dem der Systeme dagegen, in denen sie recht unterschiedliche Eigenarten herausgebildet hatten, nicht. Aber vor allem brachte es der Prozeß der Vereinigung mit sich, daß sie so leicht nicht zusammenwachsen konnten.

Die DDR-Bürger waren – neben den Heimatvertriebenen – die eigentlichen Besiegten des Zweiten Weltkriegs. Dann gelang es ihnen, das Regime zu stürzen, das sie schließlich in den Bankrott geführt hatte. Kaum hatten sie sich befreit, suchten sie, was die Bürgerrechtler hatten vermeiden wollen, Unterschlupf bei den Westdeutschen.

Dadurch waren sie, nachdem ihr Staat zuletzt Respekt genossen hatte, auf einmal nicht mehr als ein Fünftel der Deutschen. Honecker, der 1987 mit militärischen Ehren in Bonn empfangen und von Ministerpräsidenten zum Teil geradezu hofiert wurde, fand sich 1990 im Untersuchungsgefängnis wieder.

Wer als Repräsentant der DDR mit denen der Bundesrepublik von gleich zu gleich verhandelt hatte, war auf einmal sein ganzes Gewicht los. Wo früher eine zum Teil gar nicht schlechte Wissenschaft betrieben worden war, sah der Präsident der Max-Planck-Gesellschaft eine Wüste. Was die DDR-Bürger hatten, war bald nur noch Konkursmasse. Was sie gewesen waren, war diskreditiert. Sie hatten zwar das Regime besiegt, aber auf das Siegerpodium stiegen die Westdeutschen, die in der Tat im Wettbewerb der Systeme gewonnen hatten. Und kosteten den Sieg, als Sieg über die DDR, vielfach weidlich aus.

Wolfgang Schäuble hat bei den Verhandlungen die Machtverhältnisse von vornherein klargemacht: Liebe Leute, es handelt sich um einen Beitritt der DDR zur Bundesrepublik, nicht um die umgekehrte Veranstaltung. Wir haben ein gutes Grundgesetz, das sich bewährt hat. Wir tun alles für euch. Ihr seid herzlich willkommen. Wir wollen nicht kaltschnäuzig über eure Wünsche und Interessen hinweggehen. Aber hier findet nicht die Vereinigung zweier gleicher Staaten statt. Wir fangen nicht ganz von vorn bei gleichen Ausgangsbedingungen an.

Nachdem die DDR im Wettstreit der Systeme unterlegen war, war auch von ihren Einrichtungen alles entwertet, was zum Teil gar nicht so schlecht war, was man teilweise sogar durchaus hätte übernehmen – oder zumindest hätte belassen können. Auf einmal schien alles fragwürdig. Nichts war mehr was – außer dem geerbten Vermögen, etwa an Häusern und Grundstücken, das vor allem die Leute im

Westen wieder an sich nehmen konnten. Insoweit hatte im Osten nicht nur eine gewalt-, sondern für viele auch eine selbstlose Revolution stattgefunden.

Was in der Folge auf die vielen DDR-Bürger zukam, denen es nicht gleich gelang, sich ganz neue Wege zu eröffnen, war ungeheuerlich. Betriebe wurden geschlossen, Einrichtungen aufgelöst, Personal entlassen. Alles mußte neu, alles nach westdeutschen Maßstäben und Vorschriften geregelt werden. Weil die Voraussetzungen vielfach fehlten, mußte das Personal, soweit es übernommen wurde, neu geschult werden. Manch einer aus dem Westen – etwa pensionierte Beamte – nahm sich dieser Aufgabe aufopferungsvoll an. Aber es kamen zugleich andere, Verkäufer, Vertreter, »Berater«, die oft höchst fragwürdige Geschäfte im Sinne hatten, nicht zuletzt westliche Hauseigentümer.

Vieles, was geschah, war natürlich sehr nützlich. Straßen wurden ausgebessert, Autobahnen gebaut, ein modernes Telefonnetz eingerichtet, Dreckschleudern wie die Chemiewerke in Bitterfeld wichen den neuen ökologischen Ansprüchen, die Bausubstanz mancher alter Städte wurde in letzter Minute gerettet. Das westliche Rentensystem brachte zum Teil beachtliche Verbesserungen. Man konnte reisen. Die reichen Verwandten aus dem Westen ließen sich nicht lumpen. Sie ließen sich das alles viel kosten. Wer das Land aus DDR-Zeiten kannte, erkennt es heute kaum wieder, an sehr vielen Stellen jedenfalls.

Aber die Bilanz hat zugleich eine andere Seite. Man war im Osten gewohnt, daß Betriebe und Staat für sehr viele Bedürfnisse aufkamen. Das fiel jetzt weitgehend weg. Viel Initiative wurde verlangt. Arbeitslosigkeit war unbekannt – und trat jetzt massenweise auf; beträgt noch heute das Zwei- bis Dreifache von der im Westen. Arbeitssuche war neu. Ungewißheit, was aus einem wird, ebenfalls. Im Westen ist das alles nicht fremd, aber man ist darauf lange trainiert, die im Osten waren es nicht. Und zudem: Im Westen tritt das, selbst wenn es schlimm kommt, in der Regel in kleineren Rationen auf, im Osten passierte es in größtem Stil und in kürzester Zeit, und das zusammen mit all den andern Veränderungen.

Die Ostdeutschen konnten so leicht nicht die Elastizität aufbringen, die man braucht, um sich in solchen Verhältnissen zu bewegen. Das gehörte gleichsam nicht zu ihrer in vierzig Jahren herangewachsenen Mentalität. Sie waren bequem geworden. Ihr Wissen war nicht den Verhältnissen angemessen. Auch hatten sie falsche Vorstellungen vom Westen – aus dem Fernsehen. Daher die hohen Erwartungen, daher viel Enttäuschung.

Es fand der eilige Abriß einer Ordnung statt, die zwar wenig beliebt war, aber die Macht der Vertrautheit und des Eingestelltseins auf sie für sich hatte. Weiß man eigentlich, was es bedeutet, mitten im Frieden den eigenen Staat zu verlieren; auch wenn das gewollt ist? Und im eigenen Staat, in dem man sich eingerichtet hat, zunächst einmal gleichsam unmündig zu werden, jedenfalls andern, die von außen kamen, unterlegen zu sein (und oft auch noch von ihnen übers Ohr gehauen zu werden)? Man muß diese Aufzählung nicht weiter fortsetzen: Die Kumulation all dieser Tatbestände war jedenfalls aufs äußerste strapaziös, viele waren überfordert.

Mit der Übertragung der westlichen Ordnung auf den Osten verband sich die Übernahme sehr vieler, vor allem führender Positionen durch westliche Kräfte. Rundfunk, Fernsehen, Presse wurden übernommen. Westliche Kommissionen, die das östliche Personal überprüften, pflegten relativ strenge Maßstäbe anzulegen, denen auch im Westen mancher nicht genügt hätte. Aber im Westen wurde niemand, im Osten wurden sehr viele vor die Tür gesetzt. Und auf die frei werdenden Stellen wurden zumeist westliche

Kräfte gesetzt, darunter viele, die – mit gutem Grund – gar nicht mehr zu hoffen gewagt hatten, noch einmal befördert zu werden.

Wie es einem auf der andern Seite ergehen konnte, illustriert eine skurrile Geschichte: Ein entlassener General der NVA fragt beim Verteidigungsministerium, ob er das Recht habe, sich General a. D. zu nennen. Hatte er nicht. Er fragt, ob er dann – als ehemaliger Leutnant der Wehrmacht – sich Leutnant a. D. nennen könnte. Das durfte er.

Vom Westen her brachte man die Erwartung mit, daß im Osten bereitwillig und rasch die neue – doch eigentlich erwünschte – Ordnung übernommen wurde. Im Osten betrachtete man vieles davon als fremd, als unnötig, als Zumutung. Und bockte. Und setzte sich gegen die neuen Herren unter Umständen so zur Wehr, wie man es gegen die alten getan hatte. Schummelte also, gelegentlich log und betrog man auch – und bestätigte das aufkeimende Mißtrauen. Zu allem Überfluß waren auch noch Stasi-Seilschaften am Werk.

Die Westdeutschen konnten sich gar nicht vorstellen, daß ein Deutscher freiwillig anders sein wollte als ein Westdeutscher – und entsprechend funktionieren. Die Ostdeutschen waren aber anders, hatten ihre Biographien, wie sie gern sagten – und wollten das, was sie geworden waren, nicht einfach verleugnen. Was ja auch ihr gutes Recht war. Zumal sie damit überlebt und sich zumeist irgendwie auch bewährt hatten. Doch wer wollte das schon sehen? Man nahm sie wie Tabulae rasae, die neu zu programmieren waren. Wogegen sich vieles in ihnen sperrte.

So entwickelten sich vielerlei gruppendynamische Prozesse. Besonders gut greifbar sind sie an den vielen gegenseitigen Etikettierungen. Klagte der Ostdeutsche etwa, so zeigte er die »typische Larmoyanz«. Spurte er nicht, hieß es, er wolle alles geschenkt bekommen. Begriff er nicht gleich, meinte man, er stelle sich an. Umgekehrt zeigten die Westdeutschen »typische Kolonialherrenallüren«. Und man belauschte sich gegenseitig. Gab der Ostdeutsche irgend etwas aus seiner DDR-Biographie zu, hieß es: Aha, also doch! Resistenz gegen das Umlernen, die Bevormundung, die »Besserwessis« war die Folge. Man sah auch nicht ein, daß im Westen alles gut, im Osten alles schlecht sein sollte; was ja so evident oft auch gar nicht war. Sehr viele fühlten sich als Bürger zweiter Klasse. Daß bei den Bürgerrechtlern hinzukam, daß sie sich um die Früchte ihres Siegs geprellt sahen – den besseren Sozialismus –, steht auf einem anderen Blatt.

All dies wäre vielleicht in großer Breite zu überwinden gewesen, wenn damals im Osten eine Aufbruchstimmung aufgekommen wäre. Wenn dort irgendeine Kraft den Aufbruch zu neuen Ufern auf ihre Fahnen hätte schreiben können. Helmut Kohl sprach vom Ärmelaufkrempeln. Und es spukte in den Köpfen die Erinnerung an die Zeit nach 1945, als man überall in Deutschland neu anfing. Aber die Parallele stimmte nicht. Wozu die Ärmel aufkrempeln, wenn die großen Firmen mit ihren tollen Maschinen und den billigen spanischen und portugiesischen Gastarbeitern aus dem Westen anrückten?

Wo der Aufbau im zerstörten Deutschland nach 1945 überall aus vielen kleinen Werkstätten, Läden, Theatern angetrieben wurde, standen 1990 die großen westdeutschen Unternehmen bereit und brachten mit, was notwendig war. Läden, Buchhandlungen zum Beispiel, die ihre Besitzer vierzig Jahre lang vor der Sozialisierung bewahrt hatten, erlagen jetzt den großen Ketten. Was natürlich auch im Westen ständig passiert, aber es ist etwas anderes, wenn ein Neubeginn erfolgen soll.

Wo 1945 alle an das eigene Land gebunden waren und hier sehen mußten, wie sie vorankamen, bot sich 1990 den mobilen, tüchtigen Ostdeutschen die Beschäftigung im

Westen oder im Ausland. Auch größere Firmen im Osten hatten ständig die westdeutsche Konkurrenz auf dem Hals, mit der sie nicht mitkamen. Wurden sie privatisiert, bekamen die neuen Eigentümer es zu spüren. Die Arbeitsproduktivität war zu gering, die Löhne waren zu hoch. Alte, angesehene ostdeutsche Firmen wie Zeiss in Jena waren im Westen viel stärker neu aufgebaut worden. Der in den Westen geflohene, dort inzwischen etablierte Produzent der Altenburger Spielkarten ließ den Altenburgern durch ein Gericht verbieten, die in Altenburg produzierten Spielkarten als Altenburger zu bezeichnen.

Zudem brachen die Ost-Märkte weg, da die Produkte der Ex-DDR wegen der Währungsunion zu teuer waren. Und während viele Tüchtige in den Westen abwanderten, hielt sich die Zuwanderung in den Osten in Grenzen. Wer dort arbeitete, zog selten mit der Familie um, nicht nur, weil an den Schulen die alte DDR noch ziemlich präsent war (und ist). Kam ein westdeutscher Lehrer dazu, hatte er es alles andere als leicht. Laut Statistik heiraten 1,5 Prozent der Deutschen Partner aus dem andern Teil des Landes.

So wuchs die sogenannte Mauer in den Köpfen. »Wir sind ein Volk«, sagte der Ossi zum Wessi. »Wir auch«, bekam er zur Antwort. Klar, die Ostdeutschen waren nur noch Deutsche, während die Westdeutschen zumindest anfangs noch die Bundesrepublik sein konnten.

Rolf Schneider berichtet von einer Szene, die sich in einer Schlange vor einem Stand in West-Berlin abspielte. Zwei Ossis mokieren sich, das seien ja ebensolche Schlangen, wie man sie im Osten gehabt habe. Worauf sich der vor ihnen stehende Türke umdreht und sagt: »Wir euch nix gerufen.« Da sprach die postnationale westdeutsche Gesellschaft.

Überhaupt darf in diesem Zusammenhang nicht übersehen werden, daß man in Westdeutschland über die neuen Mitbürger keineswegs durchweg glücklich war. Die dramatischen Vorgänge im Herbst 89 waren natürlich Reality-TV allerester Klasse. Und es gab ja wahrhaft rührende Szenen. Aber dann kam Weihnachten, kamen die Kataloge der Reiseunternehmen, und man plante den Urlaub; hatte anderes im Kopf – fühlte sich auch durch die steigenden Zinsen belästigt. An sich sollte das Ganze – so der Bundeskanzler – doch nichts kosten.

Berühmt ist das Habermas-Zitat aus der *Zeit* vom 10. Mai 1991: »Die Entwertung unserer besten und schwächsten intellektuellen Traditionen ist für mich einer der bösesten Aspekte an dem Erbe, das die DDR in die erweiterte Bundesrepublik einbringt. Das ist eine Zerstörung der Vernunft, an die Lukács nicht gedacht hat.« Richard Schröder hat darauf geantwortet: »Ich lese das und staune. Wir sind also mit unsern lehmverschmierten Schuhen in euren Salon gelatscht, und nun sagt ihr uns, daß wir den Teppichboden, den ach so empfindlichen, versaut haben.«

So begannen sich nicht wenige in Ost und West nach dem Alten zurückzusehnen. Nostalgie breitete sich aus. Beiderseits war das Alte von einer Gloriole umgeben. Im Osten kristallisierte sich das höchst eigenartige Phänomen einer nachgeholten Identität heraus. Ein DDR-Bürger ertappte sich schon 1989 dabei, daß er auf die Frage, wo er herkomme, nicht, wie üblich, »DDR«, sondern »Deutsche Demokratische Republik« antwortete.

Allzugern wurden die Ostdeutschen ja auch mit der DDR identifiziert, die sie sich gerade vom Halse geschafft hatten. Nun drehten sie den Spieß um. Und ironischerweise bezog sich das neu aus der selbsterkämpften Freiheit erwachsende Selbstbewußtsein – in der Absetzung von den Westdeutschen – zunehmend auf das Leben im gerade überwundenen System der Unterdrückung.

Diese Identität nährte sich zum einen aus der Erinnerung an bis zu vierzig Jahre DDR, persönlicher Erinnerung an eine bestandene Zeit, die man mit vielen teilte. Man wollte nicht wahrhaben, daß man lange Jahre für etwas gearbeitet hatte, was am Ende nichts war. Man wollte sich und das eigene Leben nicht in Zweifel gezogen sehen. So wurde denn auch vieles verdrängt, woran man gelitten hatte. Vieles geschönt.

Es ist sicher nicht falsch, wenn in Umfragen 78 Prozent der ehemaligen DDR-Bürger meinen, man habe damals besser zusammengehalten, der Umgang sei menschlicher gewesen. Daß 54 Prozent der Jüngeren (unter Dreißig) dieser Meinung sind, zeigt, wie sehr die Erinnerung weitergegeben wird. Alte, mehr oder auch weniger geteilte Vermutungen konnten das abstützen: Die haben das Geld, wir die Moral. So konnte man es ja auch in der Kirche hören. Auch hatte man die Kultur immer hochgehalten. Noch heute finden 64 Prozent im Osten, die Gesellschaft sei durch die Einheit ungerechter geworden.

Die nachgeholte Identität nährt sich zum Teil aus Ressentiments, vor allem aus Resignation, aus dem Eindruck von Aussichtslosigkeit. Es ist zu fragen, wie weit sie trägt. Natürlich hat sie ihre Basis vor allem bei den Verlierern. Den Anhängern des alten Regimes wie denen, die mit dem neuen und im neuen nicht gut zurechtkommen. Aber auch denen, die in den notleidenden, sich langsam leerenden Gegenden zu leben haben. 2,5 Millionen haben das Land inzwischen verlassen, vor allem Jüngere und Frauen.

Unter den Verlierern grassieren Meinungen, wonach etwa die DDR ein Rechtsstaat war. Man wehrt sich gegen alles, was die DDR schlechtmacht. Von der Stasi will man nichts mehr hören. Man will die Doping-Geschichten des DDR-Sports nicht wahrhaben, stellen sie doch wiederum ein Argument gegen die Ostdeutschen dar. Und manches ist auch einfach falsch, wie etwa die Meldung von den vielen politisch motivierten Zwangsadoptionen. Sieben Fälle hat man bei genauer Untersuchung gefunden. Davon, daß man sich der Vergangenheit gründlich stellen müsse, ist ohnehin keine Rede. Bemerkenswert ist aber, daß die Mehrheit sich die DDR selbst nicht zurückwünscht. Wenn jüngste Umfragen besagen, daß 71 Prozent die Einheit mit Freuden betrachteten (61 im Westen), könnte man schließen, es habe nur ein knappes Drittel an jener nachgeholten Identität teil.

Es hat 1989/90 sehr verschiedene Schätzungen darüber gegeben, wie lange es dauern werde, bis die Unterschiede zwischen West- und Ostdeutschen abgebaut seien. Mit ein bis zwei Generationen hat mancher gerechnet. Inzwischen scheint sich herauszustellen, daß eher nur die, die bei der Umstellung Schwierigkeiten hatten – vielleicht ist es inzwischen wirklich nur ein Drittel –, das Problem darstellen.

Richard von Weizsäcker hat 1990 die Sorge geäußert, die Ex-DDR könne zu einem deutschen Mezzogiorno werden. Nimmt man es mutatis mutandis und rechnet heraus, was heute etwa in Dresden, Leipzig, Rostock, Jena und im Speckgürtel um Berlin ohnehin sowie in manchen Ostseebädern zu finden ist, so könnte etwas daran sein. Manche Städte, Quedlinburg, wohl auch Stralsund, sind fast ausschließlich von touristischem Interesse. Spöttisch hat man früher die DDR, weil vieles noch so altmodisch war, ein Freilichtmuseum genannt. Jetzt ist es die wiederhergestellte Schönheit alter Städte, Baudenkmäler und Landschaften, die sehenswert ist. Zu dieser Musealität scheint sich die DDR-Nostalgie zu gesellen.

Sie ist nicht gefährlich. Vielleicht abgesehen davon, daß aus ihr ein etwas besserer Nährboden für Rechtsradikale erwächst, als er im Westen gegeben ist. Mit der Zeit könnten die, die diese Nostalgie hegen, nur mehr eine unter mehreren Gruppen ausmachen, die sich in West wie Ost in einer auseinanderfallenden Gesellschaft schwertun.

Eine Nation, die keine sein will?

5. Gespräch

Im Hinblick auf die Vereinigungsfolgen haben Sie offensichtlich eine Art Kassandra-Rolle übernommen.

Ich habe in einem Artikel in der *Frankfurter Allgemeinen Zeitung* vom November 1989 den Fortbestand einer sozialistischen Identität in der DDR prophezeit. Zufällig traf ich am Abend Richard von Weizsäcker, der mir sagte, er hätte den ganzen Tag darüber nachgedacht. Die Mehrheit der DDR-Bevölkerung hat den Staat abgelehnt, aber doch einiges von der Ideologie verinnerlicht. Das gilt, glaube ich, auch heute noch für die Mentalität in den neuen Bundesländern. In anderen Hinsichten lag ich freilich falsch.

*Mir scheint heute Ihre Aussage, daß »eher nur die, die bei der Umstellung Schwierigkeiten hatten« das Problem darstellten, zu optimistisch zu sein. Wenn man an den Erfolg von Dirk Oschmanns Buch (*Der Osten, eine westdeutsche Erfindung*) denkt, könnte man glauben, daß noch viel mehr Ostdeutsche auf der Suche nach der eigenen – und eben nicht gesamtdeutschen – Identität sind. Was hat sich seit Ihrem Artikel aus dem Jahr 2010 verändert?*

Vermutlich haben Sie recht, und ich habe mit dem, was ich da geschrieben habe, die Sache immer noch zu freundlich dargestellt. Sie sind in Weimar ja auch näher dran. Ich habe früher oft gedacht, plus/minus 25 Jahre nach 1989 (entsprechend dem, was in der Bundesrepublik die Zeit zwischen 1945 und 1968 erbrachte) müßte eine jüngere Generation im Osten die Älteren fragen: Was habt ihr eigentlich zu DDR-Zeiten gemacht, verbockt, hingenommen. Nichts dergleichen aber ist geschehen. Vielleicht weil die Jüngeren, anders als die 68er in der Bundesrepublik, Mitleid mit den geschlagenen Älteren hatten, zu dem die 68er angesichts der erfolgreichen, selbstbewußten Älteren keinen Anlaß hatten.

Sie haben 1991 in dem Buch Die Nation, die keine sein will *einmal die Prognose formuliert: »Entweder schaffen wir es, eine Nation zu sein – oder besser: zu werden –, oder wir werden dauerhaft und nachhaltig sehr große Schwierigkeiten im eigenen Lande bekommen.«*

Am 10. November 1989, noch bevor das Ende der DDR sicher war, habe ich die berühmte Rede von Willy Brandt vor dem Schöneberger Rathaus miterlebt. Zu diesem Zeitpunkt war mir schon klar, daß es ein Geschenk sei, die deutsche Einheit wiederherstellen zu können. Ich bin nie auf den Gedanken gekommen, daß man auch zwei deutsche Länder nebeneinander bestehen lassen könnte, wie es Günter Grass z. B. vorschwebte. Das war für mich völlig abwegig. Mir hat auch die Formel von einer »postnationalen Demokratie«, wie sie Karl Dietrich Bracher geprägt hat, nie eingeleuchtet.

»Eine Nation sein« – das wollten die meisten Menschen in der alten Bundesrepublik zunächst gar nicht und haben dagegen den Verfassungspatriotismus gesetzt.

Die Rede vom Verfassungspatriotismus, die Sternberger und Habermas aufgebracht haben, war nicht falsch. Das war schon was, sagen zu können: Wir sind eine demokratisch verfaßte Bundesrepublik. Aber ob dieses Konzept ausreicht, um den Zusammenhalt unseres Landes zu gewährleisten? Ich sage gern: Wir haben unsere nationale Identität an der Garderobe Europas abgegeben. Jetzt laufen wir nackt unter lauter Angezogenen herum. Die Franzosen denken gar nicht daran, die »Nation« in Frage zu stellen, obwohl die Bevölkerung sehr multikulturell zusammengesetzt ist. Künftig werden wir uns dazu bequemen müssen, die Deutschen zu sein, und von einem vermeintlichen Sonderweg Abstand zu nehmen.

Warum aber waren Sie im Hinblick auf die Schwierigkeiten der Vereinigung so sicher?

Ich bin ja selber DDR-Flüchtling und hatte seit den 1980er Jahren wieder intensive Kontakte in den Osten, weil mein ältester Sohn einen schweren Verkehrsunfall bei Magdeburg erlitten hatte, meine Frau sich dort aufhielt, ich immer wieder hinfuhr und mit vielen ins Gespräch kam. Andererseits hatte ich mich in den 1980er Jahren, angeregt durch Kontakte in Frankreich, viel mit Mentalitätsgeschichte befaßt.

Man muß aber auch bedenken, wie schwierig, weil eigentlich ohne Präzedenz, die ganze Sache war. Ich bin seit etwa 1990 öfter in einen Kreis hochrangiger Intellektueller eingeladen worden, der sich mit den deutschen Problemen befaßte. Lord Weidenfeld, ein österreichischer Emigrant, der in London einen Verlag aufgebaut hatte, hat sie mehrfach zu Kolloquien eingeladen: Lord Dahrendorf zum Beispiel oder Sir Michel (wie der gerne Michael Stürmer nannte), Joachim Fest, Johannes Groß, Timothy Garton Ash, ein- oder zweimal war auch Henry Kissinger dabei, der sich über meine These von der im Vergleich zu anderen Ostblock-Ländern besonders schwierigen Lage der DDR-Deutschen wunderte. Die Diskussionen und Gespräche bewegten sich auf hohem Niveau, aber wirklich begriffen, was da vorging, hat auch dieser Kreis nicht.

Hat der hohe Anteil der AfD-Wähler in Ostdeutschland etwas mit der offenen Frage der Nation zu tun?

Die AfD nimmt, wenn man so will, die an der Garderobe abgegebene Nation als Thema auf, leider gleich unter Leugnung des Holocaust und mit xenophoben, ja putinfreundlichen Akzenten.

Was hat Sie eigentlich zu Carl Schmitt geführt, der in der Zeit des Nationalsozialismus einer der prominentesten Staatsrechtler gewesen war. Wie kam die Verbindung zustande?

Ernst Forsthoff, Staatsrechtler in Heidelberg, organisierte jährliche Ferienseminare in Erbach/Franken. Dort war Carl Schmitt bis 1967 ständiger Gast. Das hat mich interessiert, und eines Tages im Jahr 1967 wurde ich dazu eingeladen. Die Tagung fand in einem historischen Gasthof statt, dem Klosterbräu. Eine große Treppe führte von den Zimmern in die Diele herunter, wo sich die Teilnehmer versammelt hatten und miteinander plauderten. Plötzlich erstarben die Gespräche, denn Carl Schmitt kam langsam die Stufen herunter. Er begrüßte jeden einzelnen der etwa dreißig Leute mit Handschlag. Mich kannte er nicht. Als ich sagte, ich sei Schüler von Hans Schaefer, merkte er auf. Die beiden waren sich nach dem Krieg in Heidelberg begegnet und hatten Briefe gewechselt. Schmitt sagte zu mir: Dann müssen wir miteinander reden, aber unter vier Augen. Das war jedoch auf einer Tagung mit vollem Programm gar nicht so einfach. Erst kurz vor meiner Abreise auf dem Bahnhof von Würzburg ist es im Wartesaal erster Klasse zu dem Gespräch gekommen.

Worüber haben Sie gesprochen?

Zunächst ging es natürlich um Schaefer, aber bei seiner assoziativen Redeweise fiel Schmitt immer wieder etwas zu anderen Themen ein. Irgendwann waren wir bei der Machtergreifung Hitlers, als mein Zug angesagt wurde. Schmitt hat mich auf den Bahnsteig begleitet und noch erzählt, wie er den Fackelzug der SA am 30. Januar 1933 zusammen mit einem Freund, Schleichers Pressechef Erich Marcks, erlebt habe. Nun sei alles vorbei, habe Marcks zu ihm gesagt. Im gleichen Moment fuhr mein Zug ein. Er gab mir die Hand zum Abschied, ich mußte einsteigen und konnte ihm nur noch zuwinken. Tatsächlich aber hat Schmitt, wie sich später aus einem Dokument ergab, an diesem Tag krank im Bett gelegen. Die Äußerung könnte bald darauf bei anderer Gelegenheit gefallen sein. Ich aber war sehr beeindruckt von dem Gespräch und hatte in dem Moment das Gefühl, es sei noch einmal 1933 und man könne in das Rad der Geschichte eingreifen.

Konnten Sie das Thema später noch einmal aufnehmen?

Nein. Schmitt hat immer mal eine kurze Bemerkung dazu gemacht, aber die Nazi-Zeit blieb bei ihm im ganzen wie eingekapselt. Manchmal tat er mir auch leid, weil man alle möglichen alten Nazis wieder rehabilitiert, aber ihn wie einen Sündenbock bestraft und von der Universität ferngehalten hatte.

Wie hat sich Ihre Beziehung weiter entwickelt?

Ich habe ihm meine Habilitationsschrift, *Res Publica Amissa*, geschickt, was eine begeisterte Reaktion bei ihm auslöste. Daraus hat sich eine Korrespondenz entwickelt. Von Köln aus, wohin ich 1968 berufen worden war, bin ich auch immer wieder nach Plettenberg ins Sauerland gefahren und habe ihn besucht, zu manchen Zeiten alle zwei oder drei Wochen. Ich habe ihm jeden Aufsatz von mir geschickt und zu jedem eine Antwort bekommen. Er muß an mir einen Narren gefressen und sich für meine Sachen interessiert haben. Das kannte ich sonst nicht. Es ist ja ganz selten, daß ein Fachkollege andere als seine eigenen Interessen hat. Er war ein sehr genauer Leser und hat alles gut kommentiert. Manchmal hat er sich sogar einen zweiten oder dritten Sonderdruck ausgebeten, um ihn an Freunde weiterzureichen.

Welches Thema war für Sie in Ihren Diskussionen das wichtigste?

Schmitt hat mein Verständnis für die antiken Gemeinwesen entscheidend geschärft. Ich habe verstanden, daß man nicht einfach die Geschichte der Poleis schreiben darf, sondern die umfassendere Geschichte des Politischen in den Blick nehmen mußte. Schmitt hat z.B. auch dagegen protestiert, daß ich die griechischen Poleis als Staaten bezeichnet hatte. »Staat« setzte für ihn zum Beispiel Repräsentation voraus, aber die griechische Demokratie war eben durch die Identität von Herrschenden und Beherrschten in den Volksversammlungen gekennzeichnet und kannte so etwas nicht. Er hatte recht.

Es ging offensichtlich viel um Worte, um Begriffe in Ihren Diskussionen.

Das stimmt. »Staat« war für ihn ein solcher in Stein gemeißelter Begriff, an dem er sich sein Leben lang abgearbeitet hat. Wenn ich ihm gegenübersaß und er mich mit seinen großen Augen anschaute, hatte ich den Eindruck, daß sie geradezu ein Feuer versprühten. Wenn ich etwas sagte, hat er entweder darauf geantwortet oder sich ein Wort aus der Äußerung herausgepickt, um nachzufragen, was ich damit meine. Einmal habe ich die Ablehnung Caesars, alle Gesetze, die er als Konsul gegen die Verfassung durchgesetzt hatte, noch einmal unter Beachtung der Regeln einzubringen, als Ablehnung eines »Indemnitätsantrages« bezeichnet. Daraufhin hat er heftig widersprochen, weil er einen solchen Indemnitätsantrag ausschließlich mit Bismarck in Verbindung sah. Man fühlte sich ihm unterlegen, weil er immer woanders war als man selber, so daß man nicht recht zusammenkam. Aber faszinierend war er.

Eine zentrale Kategorie war für Carl Schmitt der Freund-Feind-Gegensatz: In Der Begriff des Politischen *heißt es: »Politisches Denken und politischer Instinkt bewähren sich theoretisch und praktisch an der Fähigkeit, Freund und Feind zu unterscheiden.« Hat die Schmittsche Kategorie Ihrer Meinung nach eine Relevanz für die aktuellen Konflikte in der parlamentarischen Demokratie?*

Schmitt lebte in einer geistigen Welt, die nicht die meine war. Wenn er jetzt hier im Raum wäre, wären wir von lauter Begriffen umstellt, bildlich gesprochen. Um Begriffe wie Staat, Gesellschaft, Freund, Feind gruppierte er eine ganze

Reihe von Tatbeständen und errichtete eine ganz eigene Sprachwelt. Es ist ein Gemisch von klugen Einsichten und falschen Zusammenhängen. Auf einer Tagung in Speyer 1986 (*Complexio oppositorum. Über Carl Schmitt*) habe ich seinen Begriff des Politischen analysiert – der Vortrag ist zwei Jahre später in dem Tagungsband erschienen – und ihn radikal in Frage gestellt. Schmitts Unterscheidung zwischen Politik und dem Politischen finde ich fruchtbar. Aber seine Begriffe und die Wirklichkeit stimmten nicht überein. So kam er zu schlimmen, ja ungeheuerlichen Konsequenzen, wenn er etwa den Feindbegriff antisemitisch auffüllte.

Wie sollte man Carl Schmitt heute lesen?

Als eine Provokation, die sehr anregend ist.

Wie muß man sich den äußeren Rahmen der Besuche in Plettenberg vorstellen?

Er wohnte ab 1970 in einem Bungalow, den er sich nach seinen Bedürfnissen hatte errichten lassen. Empfangen wurde man von seiner Haushälterin Anni Stand, die früher schon sein Dienstmädchen gewesen war. Von ihr wurde man in den Wohnraum geführt. Meistens hatte Schmitt schon Bücher und Aufsätze auf einem Bock bereitgelegt, die ich ihm zugesandt hatte und über die er mit mir sprechen wollte. Als ich sie aufschlug, um mir beim Warten die Zeit zu vertreiben, sah ich, daß sie voller Randnotizen und Anmerkungen waren. Nach einer gewissen Zeit betrat der Hausherr das Zimmer. Er verwickelte den Gast gleich in ein Gespräch. Er war sehr liebenswürdig, hat sich auch immer für das Persönliche interessiert und nach der Familie gefragt. Es konnte auch vorkommen, daß er sich an den Flügel setzte und Motive aus den Musikstücken spielte, von denen gerade die Rede war. Seine Kommentare zu meinen Texten waren immer geistreich, auch sein Widerspruch war anregend. Anschließend habe ich mir normalerweise

Notizen gemacht, weil ich die vielen Denkanstöße nicht vergessen wollte. Oft bekam ich auch ein Buch mit einer Widmung geschenkt. Während des Gesprächs fiel ihm manchmal noch etwas dazu ein. Dann ließ er sich das Buch noch einmal geben, um die Widmung um ein, zwei Sätze zu ergänzen.

Sind Sie auch über Nacht in Plettenberg geblieben und haben an den Mahlzeiten im Hause Schmitt teilgenommen?

Es gab das Hotel Deutsches Haus am Bahnhof, wo ich übernachtet habe. Das Taxi bestellte und bezahlte Schmitt. Er konnte einem abends noch eine Frage mit auf den Weg geben, über die man nachts nachdenken sollte, um sich am anderen Morgen dazu äußern zu können. Frau Stand war eine gute Köchin, und Schmitt hatte immer ausgezeichnete Weine. Einmal beim Abendbrot zog Frau Stand über die Juden her. Schmitt wußte, daß ich gute Beziehungen nach Israel hatte. Bei dieser Gelegenheit bekam ich unter dem Tisch einen Fußtritt von ihm. Er hatte nicht genau gezielt, denn das Zeichen galt wohl ihr. Sie sollte den Mund halten.

Man mag sich gar nicht vorstellen, wie in diesem Haus über Juden gesprochen wurde, wenn es keine Zeugen mit Israel-Verbindungen gab. Waren Sie auch bei der legendären Feier zu Schmitts 90. Geburtstag im Jahr 1978 anwesend, als Ernst Jünger eine Rede hielt?

Damals war ich gerade in Ungnade gefallen. Ich hatte einen Aufsatz über den Demokratiebegriff geschrieben, den ich Dolf Sternberger gewidmet hatte. Sternberger wäre aber nicht gerade erfreut gewesen, wenn ich dort Carl Schmitt zitiert hätte, was auch nicht unbedingt erforderlich war. Also hatte ich darauf verzichtet. Das wurde Schmitt aber sofort zugetragen, und er war gekränkt. Ich wurde nicht eingeladen. Das erfuhr jedoch Johannes Gross, der Kölner Journalist, der damals die »Bonner Runde« leitete und mit Schmitt eng verbunden war. Gross rief bei Schmitt an und erreichte, daß ich doch noch eine Einladung erhielt. Daraufhin bin ich mit ihm und Rüdiger Altmann, dem ehemaligen Redenschreiber von Ludwig Erhard, in einem dicken Mercedes nach Plettenberg gefahren. Als wir im Berggasthof Tanneneck ankamen, war der Jubilar noch nicht da. Außer der Familie und den lokalen Honoratioren waren Schüler und Freunde, auch Ernst Jünger und Julien Freund versammelt. Unter den Gästen waren wohl auch nicht wenige alte Weggefährten Schmitts, zu denen sich Rüdiger Altmann zunächst mit der Bemerkung »ich gehe mal rüber zu den alten Nazis« gesellte. Als Schmitt um Punkt 11 Uhr mit dem Taxi vorfuhr und alle Gäste einzeln begrüßte, zeigte er sich versöhnt mit mir. Altmann hingegen, der schon im Krieg bei ihm studiert hatte, fragte er: Wer sind Sie? Das war wohl die Antwort darauf, daß der in seinem *FAZ*-Artikel auch auf Schmitts NS-Vergangenheit Bezug genommen hatte. Schmitt ließ sich an meinem Arm – denn er mußte etwas gestützt werden – in den Speisesaal führen. In diesem Moment flog ein Geschwader von Kampfjets mit ohrenbetäubendem Getöse über das Gasthaus hinweg, und Schmitt sagte zu mir: Das ist die Huldigung der Luftwaffe zu meinem Geburtstag.

War er so eingebildet? Oder war es Ironie?

Ich habe später einmal General Schmückle gefragt, ob er das für denkbar hielte. Er fand es höchst unwahrscheinlich. Es kann schon sein, daß Schmitt den Ausspruch vielleicht doch ironisch gemeint hat. Aber wer weiß?

War Carl Schmitt in Ihrem Leben die Person, mit der Sie sich am intensivsten auseinandergesetzt haben?

Ich wüßte von keiner anderen.

Wir unterhalten uns hier im Wohnzimmer Ihres Privathauses, wo an den Wänden Bücherregale stehen, die mit Büchern vollgestopft sind. Z. T. stehen sie nebeneinander, z. T. sind sie übereinandergeschichtet. Auch auf Stühlen, Sesseln und Teewagen liegen Bücherstapel. Man hat den Eindruck einer Überfülle. Ich erkenne von weitem viel Schöne Literatur. Wie ist Ihre Bibliothek geordnet?

Belletristik war immer von hoher Bedeutung für mich. Von meinem Großvater habe ich Werke von Goethe und Schiller aus der Zeit um die Jahrhundertwende geerbt. *Die Leiden des jungen Werthers* waren in der Jugend ein Schlüsselwerk für mich. Viele Gedichte von Goethe habe ich auswendig gelernt und tue es heute noch, um mein Gedächtnis zu trainieren. Ich habe immer darauf gesehen, daß wir die Dichtung in den wichtigsten Werkausgaben zur Hand hatten. Für meine Frau, die Literaturwissenschaftlerin, nicht nur Theologin, war, bildete sie auch das berufliche Handwerkszeug. Sie hat sich später sehr für Weltliteratur der Gegenwart interessiert: Davon zeugen einige Regale, die im 1. Stock stehen. Im Wohnzimmer steht die deutsche Literatur bis etwa Hofmannsthal, Musil, Joseph Roth, Thomas Mann. Die Russen stehen da oben. Links neben mir das Regal enthält die Philosophie. Es beginnt da ganz oben mit einem blauen Band, dann folgen drei rötliche: Das sind Arbeiten aus der Schule des Politologen Eric Voegelin über die antike Philosophie in Indien, Persien, China usw., die mir für den Vergleich mit meinen Griechen wichtig waren. Dann folgt Literatur zur Philosophie. Sie sehen etwa Hobbes, Kant, Hegel, Schopenhauer, Nietzsche, Blumenberg, ganz unten die marxistische Abteilung. Dort sind die Soziologen und Ethnologen. Der französische Strukturalismus, Lévi-Strauss z. B., hat mich eine ganze Zeit lang sehr beschäftigt.

Mir fallen die vielen Bücher von Hannah Arendt ins Auge.

Ja, da sieht man ihren Briefwechsel mit Sternberger, mit Jaspers, die beiden Matthes & Seitz-Ausgaben von Matthias Bormuth usw. Mich haben ihre Arbeiten über den Totalitarismus stark interessiert, dann aber auch, was sie zur Geschichtsschreibung gesagt hat. Sie hat ja auch Gräzistik studiert und immer Bezug auf die Antike genommen. Sehr beeindruckt hat mich ihr Buch *Vita activa – vom tätigen Leben.* Ich bin ihr persönlich nie begegnet, aber ich habe einmal einen sehr netten Brief von ihr bekommen. Ich hatte ihr meinen Band *Die Entstehung des Begriffs Demokratie* gesandt. Der hat sie interessiert, und sie fand, sie hätte viel gelernt. »Und außerdem ist das Lernen ein Vergnügen, weil Sie so gut schreiben.« Meine *Res Publica Amissa* muß ihr auch bekannt gewesen sein. Übrigens hat sich auch Schmitt für Hannah Arendts Arbeiten interessiert und sie gelegentlich sehr respektvoll erwähnt. Ihr relativ früher Tod war für ihn allerdings wieder ein Beleg für die eigene Überlegenheit: Er hatte die Rivalin überlebt.

Geschichtswissenschaft scheint hier unten nicht aufgestellt zu sein.

Nein, es sei denn, Sie zählen die Anthropologie dazu. Alte und Mittelalter-Geschichte sind oben im Arbeitszimmer. Koselleck steht auf dem Flur, auch seine *Geschichtlichen Grundbegriffe*. Hier haben Sie noch die Abteilung zu Israel, dem Judentum usw. Auf den Regalen hier unten rechts stehen die Kunstbände samt Bänden zu Thomas Mann, Musil u. a.

Sie scheinen sich perfekt zurechtzufinden, aber für einen Außenstehenden erschließt sich die Logik der Aufstellung nicht unmittelbar.

Das ist so gewachsen. Wo Platz war, hat man etwas hingestellt.

Ihre eigene Publikationsliste umfaßt 34 Bücher, 337 Aufsätze, 105 kürzere Beiträge, zahllose Zeitungsartikel und Interviews – ein imponierend umfangreiches Lebenswerk. Haben Sie nie unter Produktionsschwierigkeiten gelitten?

Doch, ja. Ich gebe Ihnen ein aktuelles Beispiel. Für die *Geschichte Europas in vier Bänden* des Siedler Verlags sollte ich eigentlich die Geschichte des Altertums schreiben. Wolf

Jobst Siedler hat das Projekt Ende der achtziger Jahre geplant. Der erste, mit dem er darüber geredet hatte, war ich. Es war immer klar, daß ich den ersten Band zu schreiben hätte. Für mich lag das nahe: Ich hatte erst eine Person portraitiert (Caesar), dann eine Stadt (Athen), jetzt fehlte noch das Buch über eine Epoche. Dann wurden die anderen Autoren angeworben. Zwei davon haben ihr Manuskript noch vor der Jahrhundertwende abgegeben, der dritte, der an die Stelle eines Verstorbenen treten sollte, etwas später. Ich sitze immer noch an meinem Teil. Meine Ausgangsthese ist, daß die Antike zur Geschichte Europas dazugehört, wie auch immer. Das muß ich aber durch einen Vergleich mit den historischen Konstellationen auf anderen Erdteilen plausibel machen, wo die Frage der Kontinuität möglicherweise ganz unterschiedlich zu bewerten ist.

Sie bräuchten eigentlich einen permanenten Austausch mit vielen anderen Experten der alten Kulturen.

Um diesen Austausch habe ich mich sehr bemüht. Ich war z.B. in den achtziger Jahren Mitglied des Beirats des Wissenschaftskollegs zu Berlin und fungierte zumeist auch als dessen Vorsitzender. Ich konnte das Gremium dazu bewegen, zwei Forscher, für die mir am Vergleich mit Ägypten und Mesopotamien sehr gelegen war, mit mir einzuladen. Ein dritter, ein Sinologe, war leider verhindert. Ich glaube, wir sollten viel mehr über die Chinesen wissen. Nun ja, mit dem Altorientalisten und dem Ägyptologen habe ich mich wochenlang jeden Montag getroffen und diskutiert. Ich wollte herausfinden, was die Besonderheit der Griechen ausgemacht hat. Aber der eine Kollege hatte sich vorgenommen nachzuweisen, daß Errungenschaften der Griechen auch schon bei den Hethitern vorgekommen waren, der andere war völlig in seine eigenen Forschungen eingesponnen und schaute nicht über den Tellerrand hinaus. So ist mein schöner Plan den Bach heruntergegangen.

Aber es liegen schon Teile dieses Bandes vor?

Ja, ich habe sogar schon einen Ausschnitt daraus veröffentlicht: Das Buch *Kultur um der Freiheit willen. Griechische Anfänge – Anfang Europas?* (2009) bietet die ersten beiden Kapitel. Das Manuskript über die klassische Zeit Griechenlands bis Alexander ist ebenfalls fertig. Aber das eine wie das andere sind viel zu lang geworden. Mein Ideal, die Sache möglichst anschaulich zu machen, die Leser möglichst mit hineinzuziehen in ferne Welten, hat mich hier in die Irre geführt. Wenn ich so weitermachte, ergäbe es statt eines Bandes drei oder vier. Ich muß die Sache, wenn ich sie denn noch fertigbringe, neu konfigurieren, in manchem ganz anders anpacken. Sie wird dadurch interessanter, aber auch schwieriger. Glücklicherweise habe ich mit dem Verlag nie einen Vertrag abgeschlossen, sondern mit Siedler, der nun schon tot ist, nur ein Gentlemen's Agreement getroffen, was aber besonders auf mich drückt. Ich bekomme gelegentlich Anfragen, ob das Buch noch erscheine, und beantworte sie immer positiv. Ich habe immer noch den Plan, das Buch zu vollenden. Aber wie alt müßte ich dazu werden?

Haben Sie schon einmal erwogen, Ihre Autobiographie zu schreiben?

Nein.

Müde Gaedt

Gedenkblatt für einen Lehrer

Wir bekamen ihn als Geschichtslehrer in der vierten Gymnasialklasse 1942 in der Großen Stadtschule, dem alten humanistischen Gymnasium der »Seestadt Rostock«, wie sie damals offiziell hieß. Er war ein weißhaariger älterer Herr, wohl schon über 65. Bewegte sich nicht schnell, seine Sprache war ein wenig altmodisch. »Willst du bitte ...«, hieß es etwa; wir fragten uns, ob es wirklich von unserm Willen abhänge, daß wir ihm folgten, taten es aber. Denn er war überzeugend. Was er sagte, war sehr bestimmt, präzise, wohlbegründet. Jeder Satz war gestochen. In seiner leisen, ruhigen Art gab er einen durchaus lebendigen Unterricht, kenntnisreich, souverän. Daß er so »gebildet« war, störte überhaupt nicht.

Sein Spitzname war »Müde«. Damals wurden noch die Eselsbrücken für die Bedeutung lateinischer Vokabeln gelehrt: müde, matt, marode; faul, bequem, commode, etwa. Und konzentriert und betont wie sein ganzer Unterricht war auch die Weise, in der er im Latein diese Formel den Schülern einprägte. Das saß. Es bot sich als Charakterisierung an. In einer Mischung von Gutmütigkeit und Spott nannte man müde, was eigentlich gepflegt war. Dieser Müde Gaedt, der die ganze, nicht sehr große, aber in schwierigem Alter befindliche Klasse mit hoher Autorität für sich und seine Sache einnahm, war Direktor des Gymnasiums im nahe gelegenen Bad Doberan gewesen. Da er aber Freimaurer war, konnte er das nach 1933 nicht bleiben. Ich weiß nicht, ob er nun als Direktor oder als Lehrer in die Pension geschickt wurde, weiß auch nicht, wann er das Pensionsalter erreichte. Im Krieg jedenfalls, als viele Lehrer zum Militär mußten, wurde er reaktiviert, in Rostock, wo er wohnte. Sein Alter hat ihn nicht daran gehindert, einen glänzenden Unterricht zu erteilen.

Er begann in jeder Stunde damit, daß wir das Buch, es war Gehls *Geschichte für höhere Schulen*, herauszuholen hatten, dann wurde gestrichen und diktiert: Erste drei Zeilen streichen, dafür an den Rand schreiben ... Dritten Absatz im ganzen streichen, dafür auf den unteren Rand schreiben ... Das Buch ist mir leider verlorengegangen. Ich nehme nicht an, daß seine Texte geradezu regimefeindlich waren. Aber so, wie es da stand, war es falsch. Daher diktierte er, was er verantworten konnte; so sollten wir es lernen. Das Freimaurer-Kapitel wurde im ganzen ausgelassen.

Diesen Umgang mit dem Geschichtsbuch pflegte er nicht nur bei uns, sondern in allen Klassen, in denen er das Fach unterrichtete. Bei uns gab es nur einen höheren HJ-Führer, dessen Vater zudem Ortsgruppenleiter der Partei war. Aber auch er hat nichts verraten.

Ich hätte den mutigen, klugen Mann Müde Gaedt gerne nach dem Krieg wieder gesprochen. Aber beim Einmarsch der Russen hat er sich mit seiner Frau das Leben genommen. Die Befreiung von den Nazis muß er herbeigesehnt haben. Aber das war ja nicht alles. Ende April oder Anfang Mai ist er fünfzig Jahre tot.

Nachsatz 2024

Diesen Artikel habe ich im Vorfeld der Feiern zum 50. Jahrestag des Endes des Zweiten Weltkriegs geschrieben. Er schließt an die Diskussionen aus dem Frühjahr 1985 an. Ich hatte hautnah Spuren davon mitbekommen, als ich Anfang Februar in Bonn zu Gast in der historischen Kommission der SPD gewesen war. Man hatte dort, wie wir hörten, im Vorstand über den bevorstehenden 8. Mai diskutiert. Offenbar überwog dabei die Meinung, daß es der Tag des deutschen Zusammenbruchs, der Niederlage sei. Willy Brandt hatte protestiert. Für ihn sei es keine Niederlage gewesen und er sei auch Deutscher. Es folgte dann am 8. Mai Richard von Weizäckers große Rede im Bundestag, in der er ebenfalls den Gesichtspunkt der Befreiung betonte.

Es kann ja kein Zweifel sein, daß Deutschland damals vom NS-Regime befreit wurde. Und daß das ein Segen war. Nur – war das alles? War es das so einfach? Man braucht sich doch nur unsere Politiker am 8. Mai anzusehen, wie sie den Tag wie die begossenen Pudel feiern. Zumal da ja noch einiges mehr als Befreiung und Niederlage auf die Tagesordnung gehört.

Und wieweit war die Ostzone überhaupt befreit? Es ist in diesem Zusammenhang von Interesse, daß seit den späten 1950er Jahren verschiedene Organisationen auf ihre NS-Vergangenheit untersucht wurden, die Wehrmacht aber von Einzelfällen abgesehen erst in den 90er Jahren anläßlich der Hamburger Wehrmachtsausstellung. Da hat sich gleichsam das ganze Volk mitbetroffen gesehen, und damit konnte man es nicht so leicht aufnehmen.

Die Frage, wie der 8. Mai zu begehen war, mußte zum 50. Jahrestag wiederaufleben. Rita Süßmuth, Bundestagspräsidentin, lud mich zu einem längeren Gespräch darüber nach Bonn ein. Später erfuhr ich, daß in ihrem

Hause »bis zum letzten Augenblick« an der Rede gearbeitet wurde.

Keiner meiner anderen, ja nicht wenigen Zeitungsartikel hat mir so viel Zustimmung eingebracht, obwohl ich doch eigentlich nur von einem einzigen Mann gesprochen hatte. Aber sein Fall stand für mehr, irgendwie für die ganze Vieldeutigkeit des Datums.

Ist es zu hoch gegriffen, wenn man meint, hier sei ein Stück kollektiver Identität berührt worden? Dergleichen wird gerne unterschätzt, z. B. beim Historikerstreit. Er biß sich ja weitgehend in der Frage nach der Einzigartigkeit des Holocaust fest. Dabei hat der viel angegriffene Ernst Nolte die nie ernsthaft bestritten. Nur sollten die sowjetischen Großverbrechen dabei nicht übersehen werden, insbesondere nicht der von ihm behauptete »kausale Nexus« zwischen ihnen und dem Holocaust. Die Sowjets hatten angefangen! Es gibt Beispiele dafür, daß Männer, die nichts für das NS-Regime übrighatten, sich schwer damit taten, das ganze Ausmaß der deutschen Verbrechen wahrzuhaben, oder andere, die irgendwie darin verwoben waren, vor alliierten Gerichten zu belasten. Da gab es Züge einer nationalen Betroffenheit (um von vielem anderen abzusehen).

Übrigens bin ich durch einige der Briefe auf andere Lehrer hingewiesen worden, die ähnliche Distanz zum Regime gewahrt hatten. Andere Schüler Gaedts haben voll Begeisterung über seinen Unterricht berichtet. Es hat sich auch herausgestellt, daß ich Gaedts Alter zu hoch veranschlagt habe. Er ist 1884 geboren worden, und »Müde« war vermutlich ein mißverstandenes »Müte« von Helmut, seinem Vornamen.

Nachweise

Wer wären wir ohne die Griechen? 2500 Jahre Schlacht von Salamis. In: *Frankfurter Allgemeine Zeitung* vom 22. September 2022

Der Gedanke des Verlusts – Die Vertreibung der Juden aus dem Hessischen Landestheater. In: *Darmstädter Dokumente 26. Die Vertreibung der Juden aus dem Hessischen Landestheater, 1933-1945*. Darmstadt 2009, S. 28-44

Ein Gemeinwesen zerstört sich selbst – Caesars Recht zum Bürgerkrieg. In: *Die Zeit* vom 16. April 1982

Verurteilen und Verstehen. An einem Wendepunkt deutscher Geschichtserinnerung. Ein Vortrag, gehalten in Tel Aviv. In: *Frankfurter Allgemeine Zeitung* vom 28. Juni 1986

Abbruch einer Ordnung. In: *Frankfurter Allgemeine Zeitung* vom 27. Mai 2010

Müde Gaedt. Gedenkblatt für einen Lehrer. In: *Frankfurter Allgemeine Zeitung* vom 28. April 1995

Die Gespräche fanden zwischen November 2022 und April 2024 in Hohenschäftlarn statt und werden hier erstmals veröffentlicht. Gesprächspartner von Christian Meier war Michael Knoche.